La joie du bonheur d'être heureux

département de Hugo et Compagnie
38, rue La Condamine, 75017 Paris

Collection dirigée par Jean-Loup Chiflet

Éditorial : Christophe Absi

www.hugoetcie.fr

ISBN : 9782351640463

Pascal Fioretto

La joie du bonheur d'être heureux

Enrichi en Oméga 3

Chiflet&Cie

Du même auteur

Et si c'était niais?, Chiflet & Cie, 2007

Le pacte secret, avec Albert Algoud, Albin Michel, 2007

Élysée Machine 2007, avec Albert Algoud, Hugo & Cie, 2007

Gay Vinci Code, Chiflet & Cie, 2006

A Marco,
per "Il Cammino"

« Il comble son bien-aimé qui dort »
Ps 126

Il y a un temps pour tout...

Lundi 12 novembre

Je ne suis pas sûre de la date. J'essaie de la déduire des quelques observations que je peux faire depuis la fenêtre du réfectoire : durée du jour, feuillage des arbres, légumes encore présents dans le potager communautaire...

Je dois absolument choisir une date si je veux retrouver le fil.

Ce qui est à peu près certain, c'est que nous devons être en automne. Les jours sont devenus très brefs et j'ai vu tomber les premières neiges.

La nuit dernière, au lieu d'alterner « station debout » (rechargement en énergie tellurique) et « station allongée » (purification par les courants polarisants), je me suis assise dans un coin de ma cellule et j'ai relu mon journal.

J'ignore par quel miracle il ne m'a pas été confisqué lors de mon admission au château. J'y ai retrouvé tout ce qui m'est arrivé depuis le début de cette année.

Je ne comprends toujours pas comment j'en suis arrivée là.

Je me souviens seulement que tout allait plutôt bien.

Et que j'ai voulu que ça aille encore mieux…

Un temps pour cesser d'arrêter de fumer...

(par la méthode simple et définitive)

Mardi 1er janvier

Jour de l'an. Michel traîne en jogging. Un peu désœuvrée, j'ai feuilleté le dernier numéro de *PsychoPlus*. Il y a un dossier intitulé : « Devenir soi-même en mieux ».

Dans l'édito, Sébastien-Stéphane Schreiban-Server (4S) rappelle que nous valons beaucoup mieux que nos petites vies, toutes grises, toutes semblables, toutes rabougries sous le poids des renoncements et des conformismes.

Il explique que chacun d'entre nous a une légende à écrire, en lettres de feu, sur le parchemin de son existence et que, pour commencer à devenir soi-même, il faut accepter de faire le premier pas dans le vide.

La voilà, ma résolution pour cette année : me rendre disponible à l'Inconnu, provoquer le changement, marcher dans le vide et observer ce qui se passe.

4S dit aussi que si l'on accepte de lever les yeux et de regarder autour de soi, on fait forcément une Rencontre. On découvre que Quelqu'un nous attendait quelque part pour nous faire sortir de notre chrysalide et nous métamorphoser en nous-même...

Est-il possible que ce soit aussi simple ?

Je lève les yeux de mon cahier. Il fait nuit. D'où viendra la Rencontre ? Michel sommeille devant la télé, notre petit appartement est encore en désordre et une nouvelle année de boulot chez G&G&G m'attend demain.

Tout semble devoir durer indéfiniment.

Seule nouveauté tangible, je commence l'écriture de ce journal intime.

– Ça va, mon Aimée chérie ? me demande Michel.

Je devine son sourire dans la pénombre.

– J'écris mon journal. J'essaye de me rendre disponible à la Renc...

– Qu'est-ce qu'on mange ?

Tout envoyer promener. Faire du neuf.

Mercredi 2 janvier

Par où commencer ?

Arrêter la cigarette ?

Dans *PsychoPlus*, ils parlent beaucoup de la fameuse méthode révolutionnaire d'Allan Kerr pour en finir avec l'arrêt du tabac. J'ai acheté le bouquin et je m'y suis aussitôt plongée. C'est très agréable à lire. Pas de morale, pas de prêchi-prêcha. Allan demande qu'on fume tant qu'on n'a pas fini de lire son livre car le fait de le lire signifie qu'on est déjà non-fumeur. Donc pas de manque, pas de patch, pas de kilos en plus... J'adore cette façon très anglo-saxonne de dédramatiser les problèmes.

Jeudi 3 janvier

Je sais que ça semble incroyable mais ça marche ! Je continue ma lecture tout en fumant et je ne ressens absolument aucun besoin de lutter pour arrêter ! Je me demande s'il n'y a pas du cognitivisme comportemental californien là-dessous.

Vendredi 4 janvier

J'en suis à deux pages de la fin de la Méthode. Pour me motiver – même si je n'en ai absolument pas besoin – j'ai scotché sur mon ordinateur une des maximes d'Allan :
« *En n'arrêtant pas de fumer, tu ne renonces à rien.* »

C'est exactement ce que je ressens.

Samedi 5 janvier

Michel a feuilleté la Méthode. Il sent que quelque chose lui échappe et il n'a pas pu s'empêcher de m'interroger :

– Quand ton Allan Kerr écrit qu'au lieu d'arrêter de fumer, il vaut mieux devenir non-fumeur, tu ne crois pas qu'il y a une erreur de traduction quelque part ?

– Pas du tout. Allan explique que le non-fumeur qui essaye d'arrêter de fumer est aussi fou que le type qui veut passer sous un bus. Car en lisant la Méthode, tout en continuant à fumer tranquillement, on découvre qu'il n'y a pas de bus !

En bon franchouillard cartésien, Michel persiste à dire que ça ne veut rien dire. Je l'ai laissé ricaner et j'ai poursuivi ma lecture.

Dimanche 6 janvier

J'ai fini le livre d'Allan et je l'ai aussitôt recommencé depuis le début car j'ai toujours envie d'arrêter. Allan lui-même recommande de relire sa Méthode autant de fois que nécessaire. Car tant qu'on ressent des envies d'arrêter c'est qu'on n'est pas encore non-fumeur.

J'espère être prête bientôt. Ce serait un premier pas encourageant vers ma nouvelle vie que de pouvoir refermer définitivement la Méthode.

Lundi 7 janvier

Il y a une nouvelle intérimaire à l'accueil chez G&G&G. Une blonde un peu du genre à se faire relooker par M6. Ce matin, elle est venue se présenter spontanément avec un café.

– Bienvenue chez G&G&G, mademoiselle ! Je m'appelle Aimée, je suis Senior Marketing Manager.
– Managenre quoi ?
– Genre qui s'occupe de vendre les médicaments que fabrique notre groupe.
– Ça fait longtemps que vous taffez ici ?

– Trois ans le mois prochain... Et vous ?

– Moi, c'est Betsy. Vous pouvez m'appeler Bets'.

– Origines anglo-saxonnes ?

Elle a semblé hésiter quelques secondes.

– En fait, Betsy, c'est juste pour l'année. Mon vrai prénom, c'est Sandrine mais c'est un peu trop relou...

– Chargé ?

– C'est ça. Sandrine, m'expliqua-t-elle, c'est d'origine germanique, ça signifie « ours », « courage », « vertu », « écorce »...

– Jusque-là, ça va.

– Ouais, mais la tendance des « Sandrine » pour l'année, c'est « perte de repères », « lent déclin », « risque de viol »...

– Effectivement, c'est lourd comme programme. Si l'on y croit, évidemment...

– Un peu que j'y crois ! Je fais de la prénoménologie. Et vous, « Aimée », vous connaissez l'origine ?

– Non, mais... je n'ai pas trop le temps, Sandri... Betsy.

– Ça va pas être long. J'aime bien savoir avec qui je bosse, alors j'ai déjà décrypté les prénoms de tout le personnel. « Aimée » est un prénom divin en mythologie druidique. Il signifie « chérie du Ciel et adorée des hommes ». En revanche, pour l'année nouvelle...

– Je vous écoute...

– Désolée, mais c'est pas fameux : chambardement, révolution, rencontres bouleversantes... Mais ce n'est qu'une tendance, ne vous affolez pas.

– Au contraire, Betsy...

J'aimerais tellement pouvoir croire à ses promesses.

Mardi 8 janvier

Je suis allée sur le site PsychoPlus.com donner mon témoignage de non-fumeuse et j'ai découvert qu'il existe un forum d'entraide pour les lecteurs d'Allan Kerr qui n'arrivent pas à refermer le bouquin. Certains internautes conseillent de décrocher de la Méthode par l'hypnose ou l'acupuncture. J'avoue que ça m'a un peu refroidie. Je crois que je vais cesser de ne pas arrêter et recommencer à essayer d'arrêter. Ce n'était sans doute pas le bon moment.

En revanche, dans la section : « *Mieux exister le vivre-sa-vie* », j'ai découvert une formation qui avait l'air de n'attendre que moi. Le cycle de conférences s'intitule : « *Réenchanter sa rivière secrète pour passer sur l'autre rive de soi-même* ». Je crois que c'est exactement ça que je dois réussir à faire : traverser mon fleuve intérieur à la nage et rejoindre le versant « fertile et miraculeux » de mon être.

Le séminaire est donné par Poalo Colao, le célèbre écrivain brésilien qui a bouleversé le monde entier avec son fameux bouquin *L'Archiviste*.

En plus (coup de chance ou signe du destin ?), la formation a lieu à deux pas du bureau… Petit mail de confirmation et hop ! je commence… demain !

Un temps pour abreuver ses brebis intimes…

(à la fontaine de Poalo Colao)

Mercredi 9 janvier

Rencontre spirituelle inoubliable, aujourd'hui.

Tout avait pourtant mal commencé. Après une journée à attendre la conférence de Poalo, j'étais sur le point de m'éclipser lorsque le téléphone a sonné: téléconférence avec le siège. Vu le contexte de méfiance vis-à-vis du bureau de Paris, impossible d'y couper.

Deux heures plus tard, quand je suis arrivée au Centre «Éveil et Massages» où Poalo donnait sa conférence, il n'y avait plus personne.

J'étais triste et lessivée. Un vent de désarroi tournoyait dans mon esprit. Je sentais sur mes épaules le poids de tout ce qui entravait ma nage vers l'autre rive de moi-même: un boulot harassant, une vie de couple sans surprises, une existence médiocre…

Un peu à l'écart de la grande salle de cours désertée, j'ai repéré une porte entrouverte d'où sourdait une faible lumière dorée. Je l'ai poussée à tout hasard (j'écris «hasard» mais je ne suis pas dupe). Je me suis retrouvée dans le local des conférenciers.

Un distributeur d'eau luisait dans la pénombre. Le verre que j'y puisai me ressourça un peu et je restais quelques secondes devant le panneau d'affichage du Centre. On y annonçait que le prochain stage «*Jeûnes holistiques, visions harmoniques et rêves lucides*» se ferait dans les plaines de l'Andalousie. «Encore un désert aride...», songeai-je, le cœur lourd comme une selle de mulet fourbu.

Comme si quelqu'un avait lu dans mes pensées, une voix murmura derrière moi :

– Peut-être que l'oasis est en toi...

Je me retournai aussitôt et découvris un homme mûr, hâlé, au sourire paisible, qui me regardait avec bienveillance.

–Vous m'avez fait une de ces peurs !

– Hum, répondit avec bonhomie l'homme aux cheveux poivre et sel, n'a-t-on pas toujours un peu peur de ce qu'on voudrait connaître ?

L'inconnu était étrangement vêtu. Sur un ample pantalon bouffant mauve, noué à la taille par une ceinture de cotonnade blanche, il portait une tunique raglan échancrée, en lin écru, et un manteau en peau de chèvre brodée. Un volumineux turban retenait la crinière de ses cheveux en dessous desquels brillaient des yeux de cerf, noirs et pénétrants. Des sandales de cuir laissaient apercevoir ses pieds nus, couverts de poussière.

«Le beur qui fait le ménage ?» m'interrogeai-je, avant d'oser lui demander :

– Qui êtes-vous ?

Il éclata d'un rire sonore venu du fond des âges.

– *O cão faz «au-au»* ! Je suis ce que je suis. J'ai beaucoup parlé, ce soir, et ma gorge est sèche. Voudrais-tu, je te prie, remplir ma gourde à ta fontaine ?

Il me tendit un récipient en peau de bête que je plaçai sous le robinet du distributeur.

– Eau réfrigérée ou à température ambiante ? demandai-je pour tromper le silence embarrassant qui avait envahi la pièce.

– Suis ton cœur, il connaît toutes choses puisqu'il en fait partie.

– Alors, je vous fais un mélange des deux.

– *O meu primo acabou de chegar*, opina-t-il du turban.

– On se connaît ? demandai-je.

– Vous sans doute, moi pas encore…

– Effectivement, repris-je quand la gourde fut pleine. Je ne vous ai jamais vu et j'ai pourtant l'impression de vous avoir déjà rencontré.

Le vieil homme avala une rasade d'eau, claqua la langue et continua à m'observer silencieusement.

– Qu'est-ce que vous faites ici, à cette heure ? lui demandai-je.

– Et toi ?

– Je suis venue à un rendez-vous manqué avec moi-même…

– Et moi, je suis Poalo Colao. Je porte encore ma tenue de conférence, c'est sans doute pour ça que tu as du mal à me remettre.

Je fus traversée d'un frisson de félicité. Poalo, l'écrivain, le conteur, le conférencier. Celui que j'étais venue voir. Il était là, devant moi, et pour moi toute seule !

– Mes amis m'appellent Hababacuc, reprit-il. Ou encore « *O Interminável Baratinãdor* », le Sage Errant, le Diseur de Légendes…

– D'où venez-vous, Monsieur Colao ? On dit que vous êtes brésilien.

– Nul n'est étranger si son pays n'a pas de frontières...

Il frappa le sol de son bâton de berger et je fus secrètement impressionnée par sa voix profonde comme celles des documentaires sur les volcans.

– Moi, je suis née en Normandie et je travaille à Paris, répondis-je sottement.

– Et moi, je suis né à l'aube et je travaille au crépuscule. Te voilà bien avancée, n'est-ce pas ?

–Vous savez, je m'étais inscrite à votre conférence. Mais j'ai terminé mon travail très tard et j'ai tout raté...

Son regard se fit soudain plus perçant.

– Il n'est jamais trop tard pour compter les grains de sable du sablier. Comment t'appelles-tu ?

– Aimée.

–Tu as l'air d'avoir grand besoin de te désaltérer, Aimée.

– Si vous saviez à quel point...

– Si tu te sens prête, je te donnerai quelques cours particuliers.

– Bien sûr que je suis prête, même si j'ignore encore à quoi...

– Ne cherches-tu pas à devenir toi-même ? À réinventer ta vie, à entrer dans la dimension légendaire de ton être et à vivre enfin ta fable personnelle ?

– Mais si, exactement ! Comment avez-vous... ?

– La soif de sens, c'est ma spécialité. Reviens vendredi, après la conférence. Même heure, même endroit...

–Vous feriez ça ? Rien que pour moi ? Combien... ?

– D'étoiles aux cieux ? De nuages sur les montagnes ? De sous-marins russes au fond des océans ? Plus que de doigts pour les compter !

– Et combien pour la formation individuelle ?

– Tu fumes, n'est-ce pas ?

– Oui, je devrais essayer de ne pas arrêter mais ce n'est pas le moment… Vous voulez que je vous paye en cigares ?

– Je veux juste que tu réalises que l'argent n'est que fumée. Les vrais trésors, eux, n'ont pas de prix. Allons, à vendredi…

Jeudi 10 janvier

Ce soir, après le travail, je n'ai pas pu résister à la tentation de passer au Centre de formation. Je suis allée directement au local des conférenciers. Tout semblait tristement normal. J'allais repartir, secrètement déçue, lorsque j'ai remarqué, au pied du distributeur d'eau, un petit tas de sable et de poils de chèvre.

Je n'ai donc pas rêvé. Ou plutôt si, j'ai bel et bien rêvé : Poalo existe. Et je le vois demain.

Vendredi 11 janvier

J'ai attendu devant le Centre. Quand tout le monde fut sorti, je suis retournée à la fontaine du local des conférenciers. Poalo m'attendait en tenue de cours, tranquillement assis sur une pile de brochures de fasciathérapie somatologique.

– Un peu d'eau fraîche ? ai-je proposé.

– Tu voudrais faire boire celui qui est là pour te désaltérer ? m'a-t-il répondu avec malice. Assez tourné autour du puits, jeune femme : parle-moi plutôt de tes brebis.

– Quelles brebis ? Je n'ai aucune brebis.

– Ne te fais pas plus sotte que tu ne sembles l'être. Tu sais parfaitement que quand je dis « tes brebis » je veux parler de tes soucis. Il n'y a pas de honte à avoir des brebis. Tout le monde en a. Même les rois de Babylone sur leur trône d'acajou brillant de mille feux, même les reines de Saba, couronnées de diadèmes en porphyre... Si tu apprends à les reconnaître, tes brebis t'enseigneront plus de choses que tous les livres de la Terre réunis en un seul CD-Rom de sagesse infinie.

– Je… Je comprends. Mais c'est si compliqué. J'ai tellement de brebis que je ne sais par laquelle commencer.

– Commence par donner un nom à chacune, ça t'aidera.

– Eh bien, il y a les brebis de couple, les brebis d'argent, les brebis de travail… Heureusement, pour le moment, je n'ai pas de brebis de santé, à part les jambes lourdes et quelques ballonnements. Mais je ne sais si ça compte pour une brebis ?

– C'est un bon début. Mais n'as-tu pas aussi, dans ton troupeau, des brebis moins terre-à-terre ?

– Que voulez-vous dire ?

– Réfléchis en laissant les vents du désert faire le vide dans ta tête. Quand tu es seule, comme ce soir, dans la steppe, avec ton troupeau de brebis et ton chien…

– J'ai aussi un chien ?

– Ton chien, c'est ce que vous, les Occidentaux, vous appelez le « bon sens ».

Il éclata d'un rire grave et profond puis reprit :

– Comme si, sous la Lune et sous le firmament incrusté d'étoiles scintillantes, il pouvait y avoir un sens meilleur qu'un autre !

– Je comprends ce que vous voulez dire, Hababacuc. C'est vrai que mon chien m'aide parfois à résoudre certaines brebis mineures dont je me fais toute une montagne.

– Maintenant, regarde mieux ton cheptel. Que vois-tu ?

Presque malgré moi, je fermai les yeux et j'eus la vision d'un immense troupeau de bêtes avançant dans une brousse écrasée de soleil. Au loin, tournoyaient les vautours de la vie matérialiste.

– Il y a une brebis qui a soif, lâchai-je soudain dans une illumination.

– Très bien.

– Mon Dieu, c'est terrible ! frémis-je. La brebis a terriblement besoin de boire. Elle risque de mourir déshydratée si personne ne l'abreuve.

– Parfait. Tu commences à comprendre… m'encouragea-t-il.

– La brebis assoiffée veut s'approcher de la Source mais le chien du « bon sens » l'en empêche. Il la harcèle…

– Excellent. Comment s'appelle le chien ?

– « Raison ». Il s'appelle Raison. C'est un petit roquet, occidental et borné.

– Continue ! De quoi a soif la brebis ?

Les images devenaient de plus en plus limpides.

– Elle a soif d'Essence. Elle veut faire le plein d'Essence.

– Parfait. Maintenant, réfléchis bien. À qui appartient cette brebis ?

Je me mis à trembler de tous mes membres. Hababacuc le pâtre avait raison : je connaissais la réponse, mais je savais qu'elle me brûlerait la langue si je la laissais sortir de ma bouche en feu.

– À moi… finis-je par balbutier. La brebis assoiffée est à moi. C'est la plus importante de mon troupeau, mais je ne la voyais pas parce qu'elle était noyée au milieu de toutes les menues brebis du quotidien.

– Tu progresses étonnamment vite, jeune femme.

Je ne l'écoutais plus. La transe qui m'avait saisie semblait ne jamais devoir s'achever. Les clichés se bousculaient comme autant de cartes postales sur un présentoir de papeterie. Je me sentis tituber en direction de la porte du local. Et soudain, mille soleils s'allumèrent au firmament et je compris :

– La brebis, celle qui meurt de soif près du distributeur d'eau, c'est moi ! m'écriai-je avant de m'effondrer sur la photocopieuse.

– OK ! C'est tout pour aujourd'hui. Il faut que je te laisse.

– Déjà ? m'étonnai-je en revenant à moi.

– *Não tenho que aquilo a brãnlare*, grommela-t-il. Je n'ai pas encore reçu mon planning de conf' pour la semaine prochaine mais repasse un de ces soirs, qu'on avance un peu. Pour le paiement, tu n'auras qu'à me faire un chèque du montant de la Vérité. Laisse-le en blanc, comme la lune.

Samedi 12 janvier

Je n'ai toujours pas parlé à Michel de mes rencontres avec l'Archiviste. J'aurais dû, sans doute, car il avait préparé des côtelettes d'agneau pour le dîner. Je n'y ai évidemment pas touché.

J'entendais mon chien intérieur m'aboyer que j'ai toujours adoré les côtelettes grillées aux herbes, que Michel ne pouvait pas deviner que les brebis sont mes fidèles compagnes et qu'il ne faut pas écouter les contes ésotérico-philosophiques des sages internationaux... Mais je ne peux m'empêcher de penser que cette maladresse est un nouveau symptôme de la crise que traverse notre couple.

Dimanche 13 janvier

Ce matin, engueulade avec Michel dans la salle de bains. À la fin de la dispute (une histoire de tube de dentifrice sans bouchon et de porte de placard ouverte), je me suis assise sur les toilettes et j'ai pris ma tête entre mes mains. Comme d'habitude, j'ai remué mes cheveux en essayant de pleurer pour qu'il me prenne dans ses bras et qu'on se réconcilie en faisant l'amour. Mais mes yeux sont restés aussi secs que les steppes immenses où transhument les troupeaux faméliques.

D'un air penaud, il a commencé à se gratter pensivement une fesse.

– Écoute, Aimée, je crois qu'on a un problème. Je t'aime toujours mais j'ai parfois l'impression qu'on ne se comprend plus.

Je réalise que ma vie conjugale est une brebis galeuse de mon troupeau dont je vais devoir prendre le taureau par les cornes.

Lundi 14 janvier

J'ai revu Poalo, ce soir. Il m'attendait à notre fontaine. Hiératique et solitaire. Instantanément, j'ai senti une paix profonde gagner mon troupeau intime.

Il m'a accueilli avec une de ces phrases cristallines si parfaites qu'une vie entière de méditation ne suffirait à en épuiser le sens.

– Plus tu approches de ton rêve, plus ta Légende Personnelle s'inscrit au cœur de tes Voyages, mon enfant.

– Je ne comprends pas. Que voulez-vous dire, ô Grand Pâtre ?

– Tu cherches trop à *Comprendre*, jeune fcmme. Essaie plutôt de *Savoir*, tu t'épargneras bien des tracas inutiles. Es-tu toujours prête à me suivre sur la piste ?

– Plus que jamais, Hababacuc.

Pour m'ouvrir encore d'avantage à sa parole, j'inspirai profondément et je fis le vide dans mon esprit. Les mots se mirent alors à franchir mes lèvres en dansant, comme par magie.

– Parle. Je suis là, présente au présent de l'instant, murmurai-je.

– Bien. Alors, prépare-toi à hypothéquer les offrandes du temps.

Je demeurai perplexe une fraction de seconde devant le sens obscur de son invitation mais je finis par retrouver le fil de ma confiance aveugle.

– Je vous suis, Maître.

– Te voilà sur la route qui mène à ton Trésor. Des hommes, du monde entier, ont déjà emprunté cette piste sablonneuse avec leur caravane. Ils sont montés sur la colline, ont visité le château, se sont abreuvés à l'eau du ruisseau…

– Mène-moi au château, Hababacuc. Je veux connaître leurs fils.

– Quels fils ?

– Ceux des hommes qui sont montés sur la colline.

– Écoute, s'interrompit-il, ce n'est pas possible de t'enseigner la sagesse si tu racontes n'importe quoi. C'est comme pendant les conférences, sous prétexte qu'ils ont payé, les gens se croient tout permis !

– Pardonnez-moi, Maître, j'essaie de m'immerger dans les images. C'est comme si j'avais une cuillère d'huile que je ne dois surtout pas renverser alors que je veux aussi visiter un Palais. Soit je surveille ma cuillère d'huile, soit j'admire les œuvres d'art du Palais. Là, j'ai trop surveillé ma cuillère, je n'ai pas renversé l'huile, mais je suis passée à côté des merveilles que vous vouliez me raconter.

– Je préfère ça, maugréa-t-il. J'avoue que cette histoire d'huile dans la cuillère est une belle image que je t'emprunterai peut-être pour un prochain ouvrage. Où en étais-je ?

– Au ruisseau.

– C'est ça : dans le ruisseau où boivent les hommes, coulent des cailloux. Il y en a des gros et des petits, des précieux et des ordinaires, des pépites, des émeraudes et des diamants...

– Excusez-moi d'interrompre le fil de soie de votre récit par les ciseaux rouillés de mon interrogation, mais comment les cailloux coulent-ils ?

– Et comment veux-tu qu'ils coulent ?

– Pardonnez-moi, mais j'essaie de me faire une idée précise de l'image du ruisseau où boivent les hommes parce que j'ai moi-même un homme à la maison avec lequel j'ai de grosses brebis conjugales. Alors forcément, ça résonne en moi et j'essaie de bien visualiser : les cailloux coulent-ils comme des pierres, de haut en bas, ou s'écoulent-ils comme de l'eau ?

– *Não é possível !* explosa-t-il. Je suis écrivain-conférencier-maître à penser depuis des générations. J'ai appris cette histoire de cailloux avec mes aïeux qui l'avaient eux-mêmes apprise de leurs ancêtres et ainsi de suite depuis la Genèse, époque où furent créés à Babylone les premiers centres de mieux-vivre. Sans me vanter, je peux dire que je m'en suis farci des traités de sagesse occulte, des études mystériosophiques et des paraboles absconses en tous genres. Depuis des siècles, on nous en a posé des énigmes insolubles sur les mystères éternels : le vol des éperviers, le secret des pyramides, les aurores boréales et la transmutation des métaux… mais jamais, tu m'entends bien jamais, je n'avais entendu une question aussi conne ! *Nunca !*

Il avait l'air vraiment hors de lui. Rouge de colère, il s'est levé, il a arraché son turban et sa perruque qu'il a jetés par terre et il m'a tendu sa gourde.

– Remplis-moi ça, au lieu de me regarder comme une dune !

– Les dunes ont des yeux ? demandai-je à voix basse.

– Et alors ? Elles ont aussi une bouche et tu sais ce qu'elles te disent ?

– J'avais entendu dire qu'elles chantaient mais je ne savais pas qu'elles parlaient, fis-je remarquer, le plus humblement possible.

– Ça te défrise, ça aussi ? Et si je te dis que le vent pleure quand l'oiseau meurt ou que l'amour est un aigle royal qui survole tes sables, tes montagnes et tes grottes, tu vas sans doute me demander comment il fait pour survoler des grottes vu que les grottes, c'est souterrain ?

– Peut-être qu'il les survole de l'intérieur ?

Il se mordit le poing et je craignis de l'avoir offensé pour de bon. Je baissai les yeux en signe de soumission.

– Pardonnez-moi, Hababacuc. Je voudrais tant faire boire ma brebis spirituelle et me débarrasser de mes brebis matérielles. Et surtout retrouver l'amour de mon bien-aimé. Apprenez-moi à désensabler mon trésor. Je vous en supplie, ne m'abandonnez pas au milieu du désert sous le regard ironique des dunes !

Il remit son turban et remonta nerveusement d'une main son pantacourt bouffant.

– Je sais que tu n'as pas un mauvais fond, dit-il en se radoucissant, et que tu ne le fais sans doute pas exprès de ne rien comprendre aux paraboles...

– Vous n'allez pas m'abandonner, n'est-ce pas ?

– Tu veux que je te dise le fond de ma pensée ? Tu as une trop grosse tête et elle est pleine de raison, c'est ça qui complique tout. Je crois qu'on n'y arrivera jamais si on continue avec les images...

Il sembla hésiter un instant puis fouilla dans sa besace en coton délavé d'où il sortit un livre à la couverture multicolore.

– Pour tes problèmes de couple, essaie plutôt ça, dit-il en me tendant l'ouvrage.

– C'est un livre de sagesse millénaire pour voler comme l'aigle royal ? demandai-je tremblante devant le précieux cadeau.

– Mieux. C'est le bouquin d'un pote américain qui s'est fait des pépites en or grâce à une méthode secrète pour vivre en harmonie avec l'autre sexe. Lis-ça et essaye de l'appliquer à ton couple. Tu me diras si ça marche, à l'occasion.

– Vous me laissez tomber ?

– Je dois reprendre ma longue marche à la tête de l'immense troupeau humain, si impatient de brouter la Vérité. Et de toute façon, j'ai une dédicace demain, à Helsinki.

Anéantie de tristesse, je lui signai un chèque avant de le regarder disparaître, comme il était venu, englouti par la paisible pénombre des couloirs vides. Dans la clarté céruléenne irradiant de la bonbonne d'eau vive, luisait faiblement l'ouvrage qu'il avait laissé derrière lui.

Je me penchai sur son dernier présent : un simple livre. Son titre, à la fois étrange et fascinant, me consola un peu d'avoir perdu mon berger…

Un temps pour comprendre pourquoi les hommes mangent des Mars...

(...et les femmes du bifidus)

Mardi 15 janvier

J'ai repris seule ma route vers moi-même en plongeant dans le traité de sagesse conjugale que m'a laissé Hababacuc avant de partir. L'ouvrage s'appelle : *Les hommes mangent des Mars, les femmes du bifidus.* Au fur et à ma mesure de ma lecture, je commence à réaliser à quel point Michel et moi, nous fonçons droit dans le mur en béton armé de l'incommunicabilité entre les sexes.

L'auteur, un certain John Grave, a étudié des milliers de couples en crise et il a découvert que tous les problèmes conjugaux viennent d'une mauvaise compréhension mutuelle.

L'idée de départ, qui traverse tout le livre, c'est que Michel est un homme et moi une femme. Pour faire toucher du doigt l'espace intergalactique qui existe entre les hommes et les femmes, John dit que les femmes viennent d'une planète où il y a plein de problèmes et où elles discutent à l'infini de ces problèmes en mangeant des yaourts au bifidus. Tandis que les hommes viennent d'une planète où il n'y a pas de problèmes mais des canapés et des solutions.

C'est pourquoi les hommes mangent des Mars sur les canapés en attendant les problèmes (donc les femmes, qui sont pendues au téléphone avec leurs meilleures amies).

Je laisse tout cela décanter lentement en moi. Qui sait? Peut-être n'est-il pas trop tard.

Michel est un homme et je suis une femme.
Michel mange des barres chocolatées
pendant que j'invente des problèmes.
Les hommes sont différents des femmes.

Mercredi 16 janvier

Ce soir, pour se faire pardonner les tensions qu'il crée entre nous, Michel est arrivé avec une énorme gerbe de fleurs. Heureusement, je venais justement de lire dans le métro ce que John Grave conseille pour gérer la situation.

Quand il m'a tendu le bouquet, j'ai regardé Michel droit dans les yeux:

– Merci Michel, ton cadeau me touche car il signifie que je compte pour toi. Mais tu oublies que je suis une femme et que sur ma planète on apprécie davantage une multitude de petits présents qu'un gros cadeau.

– Tu n'as qu'à le déballer et faire plein de petits bouquets, ma chérie.

– Je ne te demande pas une solution, Michel, je te fais part d'un problème, c'est tout.

– Allons Aimée, tu sais bien que pour chaque problème, il existe une solution.

– Sur ta planète, peut-être, Michel. Mais moi, j'aime les

yaourts et je me fous de tes solutions. Ce qui me plaît, c'est de parler de mes problèmes !

– Pigé, je te promets que je vais faire attention.

– Je demande à voir. Tiens, en voilà un autre, de problème : ma cousine Louise, qui est très malade, veut venir déjeuner chez nous dimanche. Sachant qu'elle est grabataire et que nous habitons au troisième sans ascenseur, comment ma cousine va-t-elle faire pour arriver à table ?

– Mais tu n'as jamais eu de cousine Louise !

– Je sais. C'est un petit test de thérapie conjugale pour voir si tu es capable d'écouter mes problèmes.

– Elle est grabataire, tu dis ?

– Et très à cheval sur les horaires…

– On pourrait l'emmener au restaurant, ce serait moins fatigant pour tout le monde.

Je l'ai regardé en jubilant. Il a immédiatement compris sa bourde et il a baissé les yeux en rougissant.

– Excuse-moi, c'est plus fort que moi. Il faut toujours que je la ramène avec mes solutions de mec.

– Ce n'est pas grave, Michel. Ce qui compte, c'est que tu reconnaisses que mes problèmes sont plus importants que tes solutions.

– Qu'est-ce qu'on fait alors ? a-t-il demandé en regardant ses pantoufles.

– Écoute, Michel, pour débloquer la situation, pourquoi ne vas-tu pas jouer au golf ou faire une série d'abdominaux, comme le conseille John ? Cela te permettra de te retrouver et de faire le point. Et quand tu sortiras de ta caverne, le dîner sera servi.

– Quelle caverne ?

– Celle où tu te grattes les testicules pour te déstresser

après ta journée de travail tandis que j'appelle mes amies pour leur confier tous mes problèmes.

– Mais enfin, Aimée. Qu'est-ce qui te prend ?

– Ne t'inquiète pas : John dit que tu en as besoin et que c'est normal.

– Mais nous n'avons pas de caverne !

– C'est vrai, notre maison est vraiment trop petite, ai-je soupiré.

– La solution, ce serait de construire une véranda, a-t-il aussitôt suggéré.

Je l'aurais giflé.

Les femmes n'aiment ni les gros cadeaux ni les solutions.
Les hommes feraient mieux de la fermer et de ranger leur caverne.
Les hommes sont différents des femmes.

Jeudi 17 janvier

Je progresse dans la lecture de *Les hommes mangent des Mars, les femmes du bifidus*. C'est tellement bien observé que, si quelque chose peut encore changer entre Michel et moi, je crois vraiment que ce livre y sera pour beaucoup.

John Grave a découvert que les femmes sont comme des algues. Selon que la marée est haute ou basse, elles peuvent se sentir dans leur élément : dressées, ondoyantes, fières et chevelues ou, au contraire, quand la marée descend, flasques, visqueuses et collantes. Les hommes, en revanche, sont semblables à des poissons. Le froid peut les rendre durs et tranchants comme la pierre, mais la tendresse d'une main tiède suffit à les dégeler et à leur faire ouvrir la bouche.

La femme-algue qui sait s'y prendre découvre alors que le bloc de glace trouvé dans le congélateur n'était en réalité que de la chair tendre et malléable à merci. Mais attention ! Hors de leur élément, l'eau salée, les poissons ne sont bons à rien d'autre qu'à regarder de leurs yeux de merlans frits leurs épouses effondrées sur le sable.

Quand la marée descend (après les premières années d'amour), la femme-algue se retrouve hors de son élément et l'homme-poisson ne comprend pas pourquoi, au lieu de se baigner, l'algue préfère faire la gueule toute seule au bord de l'eau. Du coup, quand la marée remonte et que les conjoints sont enfin réunis, c'est l'heure des règlements de compte :

– Pourquoi n'es-tu pas venue ? s'étonne le poisson. Elle est super bonne !

De son côté, l'algue est pleine d'amers reproches :

– Où étais-tu quand j'avais la tête dans le sable ?

Triste et blessé, le poisson se sent dévalorisé et inutile tandis que l'algue se croit trahie par celui en qui elle avait le plus confiance.

Il règne une mauvaise ambiance sur la plage.

Aujourd'hui, j'ai eu une superbe occasion d'expérimenter l'affrontement entre la logique *marsienne* des poissons et la logique *bifidusienne* des algues. Il était tard et j'avais envie d'aller me coucher quand Michel a allumé la télé.

– Tu vois, Michel, lui ai-je fait remarquer calmement, ce soir je t'ai confié mes problèmes et toi, pour me remercier, tu allumes la télé…

– Je pensais que tu avais terminé. Je voulais voir le *Soir 3*.

– Je sais que tu aimes regarder Marie Drucker tout seul dans ta caverne et, grâce à John, j'apprends à respecter ce besoin bestial. Mais, pendant ce temps, je suis toute seule avec mes problèmes…

– Bon, tu as gagné ! Je vais me coucher. T'es contente ?

Il a appuyé sur la télécommande et l'a jetée à l'autre bout du canapé. J'ai senti que j'avais mis dans le mille. Grâce à John.

Les poissons aiment se gratter devant Marie Drucker.
Les algues aiment parler de leurs problèmes au lit.
Les hommes sont différents des femmes.

Vendredi 18 janvier

Ce matin, ambiance tendue au petit déjeuner. Michel tire la gueule. Le bouquin de John commence à secouer le cocotier de notre couple. Pourvu qu'il ne soit pas trop tard…

Quand je l'ai vu sortir, les épaules basses, la cravate toute tirebouchonnée, je lui aurais volontiers fait la leçon, mais John dit que la femme ne doit pas trop humilier son époux sinon celui-ci perd confiance en lui-même et va voir ailleurs si une autre algue, plus verte et moins pénible, veut bien l'accueillir.

À peine étais-je arrivée au bureau, que Betsy m'annonçait un correspondant en attente.

– Aimée, c'est moi, Michel.

– Qu'est-ce que tu veux ? Tu as encore trouvé une de tes solutions de mec pour notre couple ?

– Je trouve que ça tangue entre nous. Je voudrais prendre le temps d'en parler, essayer de comprendre ce qui nous arrive. Je t'invite en week-end, juste toi et moi, en amoureux.

J'ai feuilleté en urgence le bouquin de John et j'ai survolé le chapitre « Mars et bifidus en vacances ». A priori, il n'y avait aucune contre-indication.

– OK, ai-je concédé.

– Parfait, a jubilé Michel, prends ton maillot de bain, je te réserve une surprise !

Dans son orgueil de poisson, il doit s'imaginer qu'il suffit de me tremper dans l'eau pour me reconquérir.

Samedi 19 janvier

Quand j'ai vu que nous prenions la direction de l'Ouest, j'ai cru un instant qu'il m'emmenait à Deauville (j'avais prévu des fringues sublimes pour un éventuel dîner de gala au Casino Barrière). Mais il avait réservé à Century Parcs où nous attendaient des vélos à sacoches et un bungalow avec vue sur la bulle tropicale. À peine étions-nous arrivés, qu'il a commencé à me tourner autour, style parade amoureuse du poisson dominant. En temps normal, j'aurais piqué une colère monumentale, mais je me suis souvenue d'une découverte capitale de John Grave dans la gestion des conflits : à cause de sa logique masculine, il est impossible à un homme de dire « *excuse-moi* » tant qu'il n'a pas compris ce qu'il a fait de mal.

J'ai donc fait ce que John recommande : dire, sans reproches, tout le mal qu'il m'a fait en gâchant ma vie et mon week-end.

– Peut-on savoir pourquoi tu m'as fait cette merveilleuse surprise sans même me consulter ? ai-je demandé en regardant par la fenêtre.

– Parce que c'était toi, parce que c'était moi, a-t-il gloussé en me caressant le dos.

(John lui-même admet qu'il est parfois très difficile de ne pas stranguler son partenaire.)

Heureusement, je me suis remémoré à temps une autre découverte capitale de John : les hommes et les femmes ne donnent pas le même sens aux mots qu'ils utilisent.

Par exemple, John explique qu'une femme-algue, inquiète pour son animal de compagnie, aura tendance à dire :

– Que va-t-on faire du chat pendant nos vacances en Floride ?

L'homme-poisson va automatiquement traduire cela en langage masculin et comprendra :

– *Si tu gagnais plus, je serais plus rassurée : je pourrais arrêter de bosser et m'occuper du chat comme le font nos voisins, Pam et Ric Turner. Sais-tu que Pam a encore changé de coiffure ? Avec toi, c'est impossible... Tandis qu'avec Ric... Ah ! Ric...*

Blessé dans sa virilité, l'homme va donc répondre :

– Je ne vois pas ce que tu trouves à ce gros fainéant lubrique...

(Car il parle de son rival, Ric, qu'il croit être l'idéal de sa femme, Gladys.)

La femme-algue, se sentant totalement incomprise de son partenaire, refoule sa frustration et essaye de défendre son chat :

– Allons, Bob, inutile de nier qu'il te plaît à toi aussi. Je t'ai vu jouer avec sa queue et lui caresser la moustache.

L'homme croit qu'il est question de Ric et va penser qu'il s'agit d'une accusation déloyale de sa compagne. Il comprendra :

– *Tu n'es pas assez viril, Bob. C'est pour ça que tu es attiré par les attributs masculins de Ric. Lui, au moins, c'est un vrai mâle dominant avec sa belle moustache et son gros pick-up.*

Pris en défaut dans son rôle de reproducteur-protecteur, l'homme n'a qu'une envie : abandonner Gladys dans le living-room surchargé de bibelots et rejoindre sa caverne pour y boire un scotch en se grattant.

Avant de s'en aller, Bob se défend avec les dernières armes dont il dispose :

– Si tu as envie d'expériences nouvelles, tu n'as qu'à l'inviter dans ton lit !

– C'est ce que je fais quand tu es en déplacement, Bob. J'adore le sentir ronronner contre ma peau.

– Quoi ! s'étrangle l'homme.

– Tu sais bien que j'ai horreur de dormir seule, chéri. Évidemment, j'aspire ses poils le matin, pour ne pas te déranger. S'il ne tenait qu'à moi, je l'emmènerais avec nous en Floride. Sa présence me rassure tellement…

Ivre de colère et d'humiliation, le mari blessé répond sans réfléchir :

– Bonne idée ! Dans ce cas-là, moi j'invite Pam. Elle n'a pas l'air du genre frigide, elle !

En plein désarroi, Gladys laisse soudain échapper d'amers reproches, trop longtemps refoulés :

– C'est peut-être parce qu'elle fait l'amour plus d'une fois par mois !

– Qu'est-ce que tu en sais ? fulmine le mari en donnant un coup de pied dans le chat. C'est Ric qui te l'a dit ?

Folle de rage et de douleur narcissique, Gladys se laisse enfin aller librement à ses reproches. La dispute peut commencer…

Les hommes sont frustrants, les femmes sont frustrées.
Les hommes et les femmes ont besoin de Nelson Montfort pour traduire.
Les hommes et les femmes n'ont rien à faire ensemble.

Dimanche 20 janvier

Contre toute attente, grâce à John, la journée d'aujourd'hui a été merveilleuse !

Pourtant, ça avait plutôt mal commencé…

Ce matin, Michel est arrivé dans ma chambre avec le plateau du petit déjeuner. Il avait l'air étonnamment sûr de lui pour quelqu'un d'aussi impuissant à me rendre heureuse et à me rassurer. J'avoue que son petit air bravache m'a passablement agacée et que je suis sortie de mes gonds. Cela faisait au moins trois jours que je me retenais et tous les reproches que John a si bien recensés dans son livre sont sortis en vrac :

– Tu n'as aucune raison de me décevoir sans arrêt, Michel, et pourtant c'est ce que tu passes ton temps à faire. Si tu tenais vraiment à moi, tu t'épilerais le nez et les oreilles, tu te laverais les cheveux tous les jours, tu ne boirais pas à la bouteille, tu rangerais ta boîte à outils, tu jetterais cette chemise à carreaux, tu déboutonnerais le col de tes polos, tu perdrais quatre kilos, tu te ferais faire des implants, tu parlerais comme Nicolas Demorand, tu n'inonderais pas la salle de bains, tu serais jeune et beau ! Tu n'es vraiment pas l'homme qu'il me faut. Moi, à ta place, je serais l'homme qu'il faut à une femme comme toi...

Les larmes sont venues très vite et ça m'a fait un bien fou.

– Tiens, essuie tes yeux, m'a dit Michel en me tendant un mouchoir.

– À quoi ça sert que je te dise tout cela ? ai-je reniflé. Je sais que tu ne m'écoutes pas.

– Mais si, voyons. Bien sûr que je t'écoute.

– Ah oui, tu m'écoutes ? ai-je demandé avec un regard de défi. Alors, tu peux répéter ce que je viens de dire dans l'ordre ?

– Heu... je dois ranger mes outils, c'est ça ?

– Tu n'as pas de cœur, Michel...

– Je sais, Aimée. Mais ça va changer, je te le promets.

J'ai relevé la tête de stupéfaction.

– Que veux-tu dire ? Tu vas vraiment t'épiler le nez ?

– Ça, et bien d'autres choses encore. Cette nuit, je n'arrivais pas à dormir alors j'ai lu ton bouquin pour les couples en détresse...

– Tu as lu *Les hommes mangent des Mars...* ?

– ... *et les femmes du bifidus*. Oui, ma chérie. J'ai tout lu et j'ai réalisé qu'on ne se comprenait pas car nous sommes différents. C'est pour cela que j'ai décidé d'apprendre ton langage.

– Vraiment ? Tu as appris le langage des algues ?

– Vraiment ! Par exemple, je sais que la liste interminable des reproches que tu m'as adressés quand je suis arrivé avec le plateau de ton petit déjeuner, ça peut se traduire tout simplement par : « *Personne ne m'écoute, rien ne marche, on est toujours en retard, la maison est en désordre, on ne sort jamais, j'en ai marre, j'aimerais que tu sois romantique avec moi…* »

– C'est exactement ça ! Et si je te dis : « Ça va », comment tu traduis ?

– Attends voir… ça veut dire : « *Je suis tourmentée par une difficulté qui me tracasse, j'ai besoin d'en parler mais je suis entourée d'incapables qui ne pensent qu'à résoudre mon problème pour avoir la paix et retourner se gratter dans leur caverne.* » C'est ça ?

Éberluée, je me suis jetée à son cou et nous avons fait l'amour comme Gladys aurait pu le faire à l'arrière du pick-up de Ric.

Grâce à notre nouvel espéranto amoureux, nous nous sentions portés par des vagues de complicité, lui sautillant dans l'écume, moi ondulant de bonheur iodé.

– Tu es bien rassurée sur tout ou quelque chose te bouleverse encore en secret ? m'a-t-il demandé.

– Ce n'est rien, Michel.

– C'est si grave que ça ? a-t-il immédiatement traduit. Tu sais que ton problème compte plus pour moi que la solution que je pourrais te fournir en deux minutes pour me prouver ma virilité.

– C'est au sujet de Thanksgiving. Tu as lu ce que John explique : la femme se sent dévalorisée si c'est le mari qui découpe la dinde. Mais si c'est elle qui le fait, elle massacre le volatile. C'est un affreux « double bind ».

– On n'a qu'à pas fêter Thanksgiving ! s'est-il écrié aussitôt.

Devant mon regard blessé, il a compris sa faute.

– Excuse-moi. J'ai encore des réflexes d'homme à solutions...

D'une caresse sur la joue, je lui ai accordé mon pardon et j'ai repris mon problème.

– John dit que c'est une fête très importante pour les couples. Il lui attribue 15 « points bonheur ».

– Nous gagnerons des points autrement, m'a-t-il promis. Nous utiliserons le barème de John : je te serrerai quatre fois par jour dans mes bras (3 points), je te proposerai de faire du feu (2 points), je retournerai mes chaussettes sales (2 points), je passerai l'aspirateur dans la piscine (1 point), je te prendrai en photo (3 points), j'aiguiserai les couteaux (3 points) et je rirai même à tes plaisanteries (5 points)...

– On en est déjà à 19 ! Tu as réponse à tout, Michel. C'est insupportable, mais je t'aime quand même. Grâce à John...

Les femmes sont angoissées par les dindes.
Les hommes marquent des points en retournant leurs chaussettes.
Quoique différents, les hommes et les femmes peuvent s'aimer.
Grâce à John.

Un temps pour recompter son numéroscope...

(en débranchant son cerveau gauche)

Lundi 21 janvier

Ce matin, j'ai repris le boulot en super forme. Ça n'a pas échappé à Betsy. C'est vraiment une intuitive, cette fille.

– Alors, ce week-end en amoureux ? m'a-t-elle demandé avec un clin d'œil complice.

– Pas mal du tout. Il nous en faudrait un comme ça par semaine, ai-je plaisanté.

– Aucune chance ! Un week-end en « 19 » et « 20 » dont l'année est paire et le siècle impair, ça n'arrive que tous les deux millénaires !

– Que voulez-vous dire ?

Elle prit un petit air entendu.

– Je me comprends...

Je me suis approchée de son bureau et j'ai découvert qu'elle était plongée dans des listes de chiffres.

– Qu'est-ce vous faites avec tous ces tableaux, Betsy ?

– Quelques petits calculs persos... La numérologie, vous connaissez ?

– J'ai déjà lu mes prédictions numéroscopiques dans la salle d'attente de mon dermato, mais l'intérêt ne m'a pas vraiment sauté aux yeux.

– Laissez tomber les numéroscopes des revues, c'est l'arnaque. Ils arrondissent à la louche pour que chacun s'y retrouve. La vraie numérologie, c'est une discipline scientifique, comptable et vérifiable. On fait pas dire ce qu'on veut aux nombres.

– Je croyais que vous étiez plutôt portée sur les prénoms…

– Y a pas contradiction. Chaque lettre a sa valeur numérale et sa fréquence vibratoire. Regardez, j'ai bricolé une macro qui tourne toute seule sous Excell. La première lettre d'Aimée, c'est « A ». Or « A » égale 1, autrement dit, bougez pas…

Elle ouvrit un petit recueil qu'elle compulsa d'un coup d'œil expert :

– …Affirmation de soi. Conductibilité. Rémanence. Motilité. Qualitativité...

– Qualitativité ?

– Ça veut dire que vous êtes dans le qualitatif.

– Et « Conductibilité » ?

– Ça, y a que vous qui savez. Le chiffrogramme donne les prédispositions, pas une explication de votre vie. Ça serait chelou, non ?

– Et « Rémanence », vous voyez ça comment ?

– Je vois rien, moi ! C'est les nombres qui voient, s'énerva-t-elle. Si ça vous semble pas clair, c'est que vous n'êtes pas prête dans votre tête, c'est tout. J'ai mon chemin de vie pour février à imprimer, je vais m'y mettre tout de suite…

– Ne vous fâchez pas, Betsy. J'y crois à votre approche. Tout ce que vous m'avez trouvé grâce à mon « A », j'ai l'impression de l'avoir toujours su...

Elle a relevé les yeux sur moi.

– Tiens, tiens. Et si c'était ça, votre « Rémanence »... ?

J'ai été secrètement troublée par la coïncidence mais je n'ai rien laissé paraître.

– Et pour Michel ? ai-je demandé, presque malgré moi.

– Voyons... Ça commence par un « M ». M = 14 = 1+4 = 5 donc : Justice. Absolu. Transition. Chargement. Performance...

– Excusez-moi de vous interrompre encore, mais « Chargement » ? Dans quel sens ?...

– Y a que les « M » qui savent de quel chargement il s'agit. Sans doute des trucs du passé qu'il traîne comme un boulet... À moins que... vous lisez quoi, ici ? me demanda-t-elle en me tendant son manuel.

– ChaNgement, avec un « N » ! m'exclamai-je, rassurée. C'est exactement ce que je me disais ce matin : il a changé. C'est dingue, votre truc...

Elle a baissé les yeux d'un air modeste.

– Ce n'est pas un truc. C'est une discipline ancestrale. Les nombres sont des principes premiers qui renferment des significations au service de l'humanité. Relisez la Bible en hébreu et vous verrez...

– Vous lisez l'hébreu ?

– Pas la peine. Il suffit de remplacer chaque lettre par sa valeur et on obtient une suite de chiffres que tout le monde peut piger. Prenez « Dieu » : c'est 4+9+5+21 = 39. Or 39, c'est 3+9 = 12 = 1+2 = 3. Donc Dieu, c'est 3, comme par hasard !

– Incroyable !

– Vous commencez à comprendre comme tout se tient avec les nombres ? Et si vous regardez attentivement les chiffres de votre vie, vous découvrirez que le hasard n'est pour rien dans ce qui vous arrive

Mardi 22 janvier

Je n'ai pas parlé à Michel de ma découverte de la numérologie car il aurait été capable de s'y mettre. En ce moment, il est prêt à tout pour sauver notre couple, c'est très touchant. Il tient d'ailleurs très précisément le compte des « points bonheur » que John recommande de collectionner. Tiens, tiens. Encore des comptes, des chiffres, des additions… C'est vrai que tout se tient. Betsy aurait-elle raison de penser que ce sont les nombres qui nous gouvernent ?

Aujourd'hui, elle m'a demandé la date de naissance de Michel et elle a calculé notre chemin de vie pondéré, nos potentiels croisés de réalisations et nos aptitudes à l'expansion duale. Le résultat, c'est que, comme Michel est hyper quaternaire, et moi sensible aux cubes parfaits, nous entrons en résonance les jours multiples de 5. J'ai compté, il n'y en a que 6, maximum, par mois ! Ça explique pas mal de choses…

Mercredi 23 janvier

Aujourd'hui, grand remue-ménage au bureau. Hugo de Saint-Vingt a passé la journée au téléphone avec le Siège.

D'après Betsy, qui a intercepté quelques bribes d'appels, le boss de Denver est fou de colère contre la succursale de Paris. Ce qu'on aurait pu prévoir depuis longtemps : il suffisait de calculer le numérogramme du Cabinet. Betsy m'a montré qu'en réduisant le numéro d'appel du standard, on obtient 54, donc 9, chiffre critique en numérologie traditionnelle. Le pire, c'est qu'on tombe sur 22 en numérologie de la cabale, un arcane majeur dont la vibration et la force spirituelle sont dévastatrices.

Dans un cas comme dans l'autre, ça veut dire que l'Instance Supérieure qui nous surveille nous a dans le collimateur.

Jeudi 24 janvier

Betsy a proposé à Hugo de Saint-Vingt de calculer les numéros de téléphone favorables pour changer la donne auprès des Américains, mais il n'avait pas la tête à ça. Il l'a remerciée distraitement et il s'est remis à fumer, après trois semaines d'abstinence. Je vais lui passer la méthode d'Allan Kerr.

Vendredi 25 janvier

J'ai réalisé aujourd'hui à quel point Michel peut être destructeur. J'avais laissé traîner les numérogrammes que me calcule quotidiennement Betsy et, évidemment, il a fallu qu'il y mette son nez.

– C'est quoi, ces pages de calculs et tous ces diagrammes ? m'a-t-il demandé avec son air de sainte nitouche quaternaire.

– Des stats à étudier, ai-je menti… Les Américains risquent de débarquer, tout le monde met les bouchées doubles pour préparer leur visite.

– C'est bizarre : il y a ma date de naissance, mes initiales, mon numéro de Sécurité sociale…

– OK, monsieur l'inspecteur, tu as gagné, je te dis tout. Mais tu ne commences pas à ricaner et tu ne poses pas de questions, promis ?

– Juré !

– C'est de la numérologie. Betsy a calculé nos potentiels de réalisations et d'évolution pour la semaine ainsi que nos aptitudes à l'expansion duale.

– Et alors ?

– On avait dit : pas de questions !

– Donne-moi au moins ses conclusions ! a-t-il insisté.

– Tu es quaternaire, Michel.

– C'est grave ?

– Pas forcément. À condition que tu débranches ton hémisphère cérébral gauche, celui de la raison et de la logique, et que tu écoutes un peu plus ton cerveau droit, celui de l'intuition. Tu verras alors que les nombres ne servent pas qu'à compter. Ils sont aussi sources de vibrations, ils ont leurs couleurs, leurs caractères…

J'ai senti qu'il réprimait une terrible envie de m'en demander plus mais il s'est contenté de demander :

– Donc moi, je suis quaternaire. Comme « 4 » ?

– Évidemment : comme les 4 côtés du carré, les 4 points cardinaux, les 4 vérités…

– Et comme « M », la première lettre de mon prénom.

– Pas du tout, M c'est 14 = 1+4 = 5. C'est écrit en haut de ton numérogramme.

Il m'a dévisagé étrangement comme s'il hésitait à me dire quelque chose puis il m'a embrassée et il est parti se coucher sans un mot.

Dès qu'il a eu le dos tourné, j'ai recompté :
M = 13 = 1+3 = 4 !

Samedi 26 janvier

J'ai appelé Betsy pour lui expliquer le problème du M = 4. Elle dit que c'est typiquement quaternaire de « *se pointer ainsi au dernier moment et de saloper tout le boulot des autres.* » À cause du sabotage de Michel, elle a dû tout recalculer. Finalement, les chemins de vie et les potentiels pondérés restent valables les jours pairs à condition de tout décaler d'un jour. Pour les jours impairs, les prédictions sont correctes, sauf les jours multiples de 3 où le programme plante.

Un temps pour changer son style de management...

(avant qu'il ne soit trop tard)

Lundi 28 janvier

Comme prévu par Betsy, aujourd'hui, gros meeting de recadrage au bureau. Quand on est arrivés dans la salle de réunion, il régnait un silence à couper au cutter. Hugo de Saint-Vingt nous attendait en tapotant du pied sous la table. Il avait sa tête des jours où il s'est fait engueuler par le Siège. Ses yeux rougis d'insomnie étaient assortis à sa veste bordeaux. Bruno Godinard, le DRH, avait sûrement pris un anxiolytique parce qu'il souriait bêtement en regardant le vide.

Les stores se sont fermés et on nous a projeté un tableau de chiffres (encore et toujours les chiffres...). Hugo, très pâle, a pris la parole :

– J'ai appris mercredi dernier que nous avions été audités à notre insu par le « Q & S »...

Un frisson de terreur a parcouru l'assemblée. Le service « Quality & Success » est en quelque sorte la brigade des mœurs de la boîte. J'ai pensé aussitôt aux prédictions numérologiques de Betsy à propos de « l'Instance Supérieure ».

Hugo a dégluti avec difficulté :

– D'après leurs investigations, le bureau de Paris n'est pas assez procréactif…

Murmure de stupeur et de consternation générale. La procréactivité est l'une des cinq valeurs pilier de la charte éthique que chaque *staff member* de G&G&G signe à l'embauche.

– Du calme ! a réclamé Hugo. Selon le même rapport, nous opposons des résistances au changement préventif.

Nouveaux chuchotements effarés. L'une des devises du groupe est justement : « *Change-toi avant que le monde ne change* ».

Les respirations oppressées de l'assemblée couvraient presque le ronronnement du rétroprojecteur.

– En résumé, a conclu de Saint-Vingt, nous avons la politique commerciale du groupe dans la tête mais elle ne descend pas dans nos muscles ! Malgré tout, le Siège a décidé de nous offrir une dernière chance : un stage de remise à niveau avec évaluation finale. Bien entendu, personne n'est obligé de participer, a-t-il essayé de plaisanter.

On s'est tous efforcés de rigoler, mais le cœur n'y était vraiment pas.

Mardi 29 janvier

Ce matin, Godinard a pris les inscriptions. Il ne veut donner aucun détail, mais il paraît que G&G&G a vraiment mis le paquet pour cette formation. Il s'agirait d'un séminaire d'un genre révolutionnaire qui cartonne aux States.

J'ai insisté pour être dans la première fournée. En attendant, je bosse comme une folle. J'avoue que, depuis le début de l'année, j'avais un peu levé le pied, toute prise que j'étais par mes recherches de rencontres et de bouleversements. Je réalise qu'en fait, avec mon boulot très exigeant et très impliquant, j'ai tous les jours l'opportunité de m'épanouir d'avantage et de devenir plus performante.

Et si c'était de ce côté-là que le vrai changement devait arriver ?

Jeudi 31 janvier

Ça y est, j'ai été sélectionnée !

Nous étions quatre dans le minibus au départ de Paris : Marc Bottin, de la compta générale, Emmanuel Amaretto, chef des commerciaux, Isabelle Antonin, responsable des ventes, et moi-même. Après deux heures de route, on est arrivés dans un petit gîte rural du Perche. Quand j'ai pénétré dans la salle de formation, mon cœur a bondi dans ma poitrine : Spencer Cheddar, l'auteur des best-sellers mondiaux sur le management, nous attendait, tranquillement assis devant un bon feu de bois. Je l'avais déjà vu en DVD et sur la couverture de ses bouquins mais jamais en chair et en os. Il était vêtu très simplement mais irradiait un halo de réussite et confiance en soi quasi palpable, et un large sourire immaculé barrait son beau visage, piqueté de tâches brunes.

– Approchez, nous a-t-il demandé avec son accent du Minnesota. Nous allons commencer immédiatement. Le temps, c'est de l'argent. Surtout pour celui qui paye !

Nous avons éclaté de rire, Spencer y compris. En deux phrases, il avait réussi à installer un climat à la fois efficace et décontracté.

– Premier point, a-t-il annoncé, vous allez vous habiller «relax». On n'est pas à Versailles au temps d'Édith Piaf! Pensez plutôt à une tenue du genre Steve Jobs à la finale du Superbowl, OK?

Nous avons acquiescé de bon cœur.

– Parfait. Pour vous permettre de saisir tout de suite l'esprit de ce stage, je vais vous raconter une petite histoire à laquelle je tiens beaucoup.

Il passa sa main dans ses cheveux clairsemés et avala une gorgée de thé.

– Il était une fois un type ordinaire qui était crémier ambulant dans le Minnesota. Peu instruit, pas très grand ni très fort, il avait toutefois reçu de Dieu beaucoup de courage et d'abnégation. Pendant des années, le brave petit crémier travailla d'arrache-pied, jour et nuit, pour vendre son fromage. Comme il n'avait jamais lu de livres, le petit homme ne se fiait qu'à son bon sens et savez-vous ce que son bon sens lui disait?

– De travailler dur? proposa Marc.

– De rester ouvert le dimanche? suggéra Isabelle.

Spencer sourit et son visage se craquela d'ironie bienveillante.

–Vous n'y êtes pas. Son bon sens lui conseilla de racheter une à une toutes les vaches du Minnesota. Bien entendu, ses rares amis le traitèrent de fou. «*Que vas-tu faire de toutes ces bêtes?*» lui demandait-on en se moquant de lui et en lui jetant des cailloux. Mais lui n'écoutait personne et donnait plein d'hormones à ses vaches afin qu'elles produisent toujours plus de lait. Quand il eut fabriqué des tonnes et des tonnes de fromage, il tua toutes les vaches et il n'y eut soudain plus de produit laitier dans tout le Minnesota. Évidemment, le prix du fromage flamba et le crémier fit fortune. C'est comme ça que le petit homme, parti de rien, gagna tellement d'argent qu'il racheta tous ses concurrents. Il possède aujourd'hui un ranch grand comme le Dakota du Sud.

– On est incapables de *success stories* comme ça, en France ! se lamenta Emmanuel.

– On aurait immédiatement l'Inspection du travail sur le dos, confirma Marc.

– Le plus étonnant, continua Spencer, c'est que, malgré quatre pontages coronariens, le petit homme continue à manger du gruyère en tube et à donner des séminaires de formation à travers le monde.

Dans le silence qui avait envahi la pièce, on entendait crépiter le feu de bois.

– Et si on lui demande pourquoi il ne se repose pas enfin, savez-vous ce que répond le petit homme ?

Nous retenions notre souffle. Spencer soupira et reprit d'une voix qui tremblait un peu :

– Il répond : « *Tant que Dieu m'ordonnera de faire du profit, je continuerai à lui obéir* »...

Il posa sur nous un regard embué et dit d'une voix plus grave où perçait une émotion difficilement contenue :

– Ce petit crémier du Minnesota, parti de rien et qui a réussi grâce à sa seule volonté et à son bon sens, savez-vous qui c'est ?

– Moi ! Je sais ! m'écriai-je bouleversée. C'est vous, Spencer !

– Tu as déjà fait le stage ? me demanda-t-il sèchement.

– Non. Mais j'ai vu votre film *Sous la croûte du fromage.* Je me souviens que...

– Alors, tais-toi et laisse tes collègues découvrir par eux-mêmes la leçon de vie que je veux leur donner.

Il se leva, nous regarda intensément, hocha la tête d'un air approbateur et ajouta :

– Si cette histoire vous a touchés et si vous voulez en savoir plus, vous trouverez mon autobiographie en vente à la réception. Je vous laisse réfléchir en attendant le dîner. Ce soir, après la raclette, je vous conseille d'aller vous coucher de bonne heure. Demain est un jour vraiment nouveau, croyez-moi !

Vendredi 1er février

Bonne nuit au calme. À huit heures précises, on a commencé le stage. Spencer avait l'air en grande forme.

– Aujourd'hui, comme promis, nous allons faire du neuf dans nos façons de penser, a-t-il annoncé avec son large sourire immaculé. Aimée, toi qui as la langue bien pendue, tu vas me donner un coup de main.

Tout le monde s'est mis à rire en m'adressant des clins d'œil complices.

– Tu vas simuler avec moi une scène de la vie courante en entreprise. Je fais le client, tu fais le cadre du bureau de Paris. Prête ?

– Prête !

– Bonjour, Madame, commença-t-il. Je suis un important client de G&G&G et je voudrais commander 10 000 ordinateurs portables.

– Bonjour, Monsieur. Je suis désolée, vous avez dû faire erreur, nous ne fabriquons pas d'ordinateurs chez G&G&G. Puis-je vous offrir un café ?

Du coin de l'œil, j'ai vu qu'Isabelle, Marc et Emmanuel faisaient des grimaces.

– C'est bien embêtant, a répondu Cheddar, car je vous répète que je suis un important client et vos concurrents me proposent des ordinateurs à 300 dollars pièce. Que pouvez-vous faire pour moi ?

– Rien. Mais en revanche, nous commercialisons des médicaments ultraperformants contre le diabète et l'hypertension. Si vous étiez gravement malade, je pourrais sans doute vous aider…

– Parfait ! m'a interrompue Spencer, visiblement ravi.

– Déjà ? m'étonnai-je. J'ai été bonne ?

– À ton avis ?

– Je crois que j'ai assuré : le coup du café, c'était assez commercial. Et j'en profité pour faire un peu de pub pour les médicaments G&G&G…

– Nous allons voir ce qu'en pensent tes camarades.

Il se tourna vers mes collègues :

– Pensez-vous qu'à l'issue de cet entretien, notre client va commander ses ordinateurs chez G&G&G ?

– Non ! répondirent en chœur Marc, Isabelle et Emmanuel.

– Et pourquoi n'achètera-t-il pas ses ordinateurs chez G&G&G ?

– Parce que nous n'en vendons pas ! ai-je rappelé.

– Tu as assez parlé, Aimée. Laisse s'exprimer tes camarades, m'a ordonné Spencer. Quelqu'un a-t-il une idée ?

Marc a levé la main.

– Je crois que le client a eu l'impression que nous ne voulions pas lui vendre les 10 000 ordinateurs à 300 dollars dont il a besoin.

– Exact. Une autre idée ?

– Nous lui avons renvoyé l'image négative d'une entreprise qui ne sait pas se réformer de l'intérieur et s'adapter aux besoins de ses clients, a suggéré Isabelle.

– On s'approche. Emmanuel ?

– Notre client s'est adressé à nous parce qu'il pensait avoir affaire à une entreprise dynamique, conquérante et *customer centric*. Il voulait un produit technologique bon marché, simple et robuste dans les 300 dollars. Nous avons été arrogants en lui faisant l'aumône d'un café et en essayant de lui vendre des médicaments dont il n'a pas besoin. Ce client ne reviendra plus jamais chez G&G&G.

– Excellent ! a tranché Spencer. Et maintenant, quelqu'un a-t-il une idée latérale à proposer ?

J'ai timidement demandé la parole.

– Excusez-moi, Spencer, c'est peut-être une question stupide mais qu'entendez-vous exactement par « idée latérale » ?

– Ce ne sont pas les questions qui sont stupides, a dit Spencer, mais ceux qui les posent. Quelqu'un peut-il aider Aimée ?

Isabelle a levé la main.

– Une idée latérale est une idée à laquelle on n'ose pas penser parce qu'elle semble trop saugrenue à première vue.

– Exactement ! a confirmé Spencer. Depuis la préhistoire, c'est toujours grâce aux idées latérales que l'humanité a progressé.

Il ouvrit une minuscule boîte à pilules, en avala une avec une gorgée de thé et reprit :

– Pensez à l'homme des cavernes : il mourait de froid et il était la proie des animaux sauvages. Il tenta de régler son problème comme l'aurait fait n'importe quel cadre sorti d'une grande école : il alluma un grand feu pour se réchauffer et éloigner les prédateurs. Cela aurait pu durer éternellement et l'homme n'aurait jamais marché sur la Lune. Mais quelqu'un au sein de la meute primitive, pas forcément le plus diplômé, eut l'idée latérale de créer la civilisation, et le problème du froid et des bêtes sauvages fut ainsi résolu par un autre moyen que le feu. Vous voyez que, devant un problème, on peut soit l'affronter de face et s'y écraser, comme l'a fait Aimée, soit le regarder latéralement. On s'aperçoit alors qu'il existe toujours une solution à laquelle on n'avait pas encore pensé. C'est ça qu'on appelle le changement !

Marc a demandé la parole.

– Excusez-moi de vous interrompre, Spencer. Cela veut-il dire que le leader d'aujourd'hui doit savoir anticiper les challenges de demain ?

– Tu as tout compris, Marc. Prenez Bill Gates…

Un frisson d'admiration nous parcourut. Spencer hocha la tête avec indulgence et poursuivit.

– Tout jeune, Bill n'avait qu'un garage et voulait devenir milliardaire. Comme il ne savait comment résoudre son problème, il essaya d'abord de fabriquer un unique ordinateur très gros pour le vendre très cher au Pentagone. Mais les ventes ne décollaient pas. Il eut alors l'idée latérale de fabriquer d'énormes quantités de très petits ordinateurs pas chers : jackpot ! Car la pensée latérale est extrêmement puissante. Les plus grands génies de l'humanité l'ont utilisée secrètement : les pharaons, les statues de l'Ile de Pâques, Dan Brown, Michel-Ange... Et toutes les grandes entreprises innovantes s'en servent pour booster leur *return on equity* dans le secret de leurs sièges cossus : Unilever, Procter & Gamble, l'UMP, la NASA... D'où croyez-vous que vient le fameux slogan : « *Think different* » ? C'est évidemment un clin d'œil aux initiés. Et l'idée de faire des Abribus, de mettre des bandes rouges dans le dentifrice, de faire un *Cahier de vacances pour adultes*, de tourner un film sur les Ch'tis... vous croyez que ça tombe du Ciel ? Moi-même, c'est grâce à la pensée latérale que j'ai eu l'idée de vendre aux entreprises des stages à son sujet.

Nous étions complètement abasourdis par les révélations de Spencer sur l'omniprésence invisible de la pensée latérale et sur son incroyable pouvoir de transmuter la vieille réalité en nouveau progrès.

– Bon, a conclu Spencer, je crois que vous avez de quoi réfléchir. Je vous laisse le reste de la journée pour résoudre latéralement notre petite étude de cas sur les ordinateurs. Je vais y penser de mon côté et, demain, vous me remettrez vos solutions.

– Demain ? Mais c'est samedi, ai-je remarqué. On reçoit les parents de Michel...

– Qu'est-ce qu'elle est relou, a murmuré Marc entre ses dents.

– Elle est hyper XXe siècle, a renchéri Isabelle.

Samedi 2 février

Ce matin, quand je suis arrivée dans la cuisine, Isabelle, Marc et Emmanuel étaient en plein brainstorming. J'ai eu l'impression fugace de les déranger.

– Vous avez trouvé quelque chose à proposer? ai-je demandé. Moi je me suis creusé la tête toute la nuit pour voir comment combler notre client grâce à la pensée latérale, mais rien n'est venu. À part créer une civilisation sans ordinateurs, mais ça prendrait beaucoup trop de temps.

– Rien de très révolutionnaire de notre côté non plus, a répondu évasivement Marc.

Dans la salle de cours, Spencer nous attendait devant un mug de thé fumant.

– Vous êtes à l'heure, j'apprécie. Posez ici vos solutions latérales, je les lirai à tête reposée. Le moment est venu de vous délivrer le message clé de ce séminaire.

Il passa une main dans ses cheveux clairsemés et avala une gorgée de thé.

– Je vais vous raconter une histoire...

– Chic! me suis-je écriée, secrètement soulagée d'éviter une projection de diapos barbantes.

– Il s'agit d'un conte philosophique sur la vie et le changement. Il a déjà été traduit en soixante-sept langues et Steven Spielberg en a acheté les droits. Je vous demanderai donc d'éteindre vos portables.

– On peut prendre des notes? demanda Marc.

– Si tu veux, à condition de les déchirer en sortant de cette pièce.

– C'est une histoire vraie? interrogea Isabelle, qui ouvrait de grands yeux enfantins.

– Plus que vraie, magique ! Cette petite fable recèle une force prodigieuse : elle chasse nos peurs, combat nos inhibitions et renverse nos préjugés face au changement. Elle a déjà sauvé plusieurs fois de la faillite les éditions Michel Laflon et des centaines de multinationales de par le monde…

Il déglutit une gorgée de thé et s'éclaircit la voix.

– Mon histoire s'appelle « C'est mon fromage™ ». Elle se déroule sur une planète lointaine où vivent quatre petits bonshommes, hauts comme trois pouces : Fûtfût, Agilou, Syndika et Cervela.

Spencer nous laissa le temps d'éclater de rire avant de reprendre :

– Tous les matins, les quatre compagnons vont travailler ensemble pour Fromax, une entreprise qui fabrique du fromage. Chacun d'eux a une activité favorite : Fûtfût renifle les tendances du marché. Agilou invite ses clients à déjeuner. Syndica compte les trimestres qui le séparent de sa retraite tandis que Cervela, dont le cerveau est encombré d'émotions, de croyances et de raisonnements, assure la production et la vente des fromages, comme il a appris à le faire dans sa prestigieuse « grande école ».

– Grande école… aïe, aïe, aïe… grinça Emmanuel.

– Pendant des années, tout alla bien chez Fromax. Jusqu'au jour où les actionnaires décidèrent de déplacer leurs capitaux des produits laitiers vers les métaux non-ferreux…Que croyez-vous qu'il se passa face à cette évolution naturelle ?

Spencer leva les paumes vers le ciel en signe de fatalité.

– Fûtfût, se fit embaucher par la concurrence, Agilou fut envoyé dans une autre activité du fonds d'investissements, quant à Syndika, il négocia de grosses indemnités et ouvrit un bar-tabac à Narbonne. Car tous trois avaient compris que le changement était inéluctable et l'avaient accepté.

– Et Cervela ? demandai-je d'une voix blanche.

Les gorges étaient nouées et les respirations oppressées. Spencer se leva et tendit un index dans notre direction.

– Cervela refusa de s'adapter et s'accrocha à ses connaissances obsolètes sur le fromage. Écœurée, son épouse le laissa tomber. Il tomba en dépression et…

Spencer passa son pouce sous son cou.

– … il se suicida après avoir écrit une lettre ouverte à *l'Humanité Dimanche*.

– On dirait du Costa-Gavras, murmurai-je.

– Rassurez-vous, continua Spencer, mon histoire se finit bien. L'esprit de Cervela s'envola dans l'au-delà et les conseillers de Dieu lui expliquèrent son erreur : rien ne sert d'avoir des valeurs si l'on est incapable d'en changer pour d'autres, plus performantes et plus modernes. Depuis ce jour, quand un décideur est confronté à une situation difficile, s'il entend une petite voix lui souffler à l'oreille qu'il faut changer ou mourir, il sait que c'est Cervela qui est descendu du Ciel pour lui donner un petit coup de pouce…

Un silence de plomb entoura les dernières paroles de Spencer puis tout le monde se leva et se mit à applaudir.

– Ouaouh… s'extasia Emmanuel. Ça déménage !

– C'est pas de la flexsécurité à son pépère, confirma Isabelle, encore un peu groggy.

– Ça donne envie de s'arracher aux States, déclara Marc.

Quant à moi, j'avais les yeux noyés de larmes : changer ou mourir. Je l'avais toujours su sans oser le formuler en des termes aussi simples et vrais.

– Merci, merci à tous, dit Spencer, en saluant. C'est tout pour aujourd'hui. Je vous laisse méditer tout ça. Demain, on débriefe vos études de cas et lundi, *back to business* !

Dimanche 3 février

Hier soir, j'allais me mettre au lit lorsqu'on frappa à ma porte. J'ai ouvert et je me suis retrouvée face à Spencer Cheddar, tout rose, douché de frais, peigné en arrière et parfumé.

– Bonsoir Aimée, je peux te parler quelques minutes ?

– J'allais me mettre au lit…

– C'est au sujet de ton étude de cas sur les ordinateurs…

– Dans ces conditions, évidemment ! Si je donne parfois l'impression de compter mes heures et mes week-ends, je suis bien décidée à tout changer, croyez-moi. Je ne demande même que ça !

– Tant mieux, Aimée. Tant mieux. J'ai lu toutes vos propositions. Les tiennes ne sont pas mal, mais je crois que tes camarades ont fait encore mieux.

– Qui a trouvé la bonne solution ? Je parie que c'est Marc. J'ai toujours pensé que c'était un créatif. Vous savez qu'il est d'origine camerounaise et que son père était chef de village ?

– Tous, Aimée.

– Comment ça, tous ?

– Ils ont tous trouvé la bonne idée. Leur idée latérale, c'est de se mettre tous les trois ensemble et de proposer ton départ du service marketing.

– Quoi ! Mais c'est moi qui dirige le service marketing !

– Justement. C'est là où c'est très latéral de leur part. En libérant ton poste, on économise ton salaire, ce qui permet de financer une étude marketing approfondie sur la vente d'ordinateurs par G&G&G. Et si on découvre que le marché existe, on démarre l'activité.

– Mais c'est affreux comme solution !

– Peut-être, mais avoue que tu n'y avais pas pensé.

– Comment ont-ils pu ? protestai-je, la voix étranglée.

– Allons, ce n'est qu'une étude de cas et ça ne préjuge en rien de tes capacités à rebondir. Mais j'ai préféré t'en parler en privé avant d'annoncer les décisions concrètes, demain...

– Quelles décisions concrètes ? Vous venez de dire que ce n'est qu'une étude de cas...

Il a fait un pas dans ma direction et j'ai senti qu'il venait de nettoyer son dentier.

– Bien sûr, mais il faut fatalement passer, un jour, de la théorie à la pratique, non ? J'espère que tu as bien retenu cela.

– Évidemment. Mais la pratique, c'est quoi ?

– Ce stage coûte très cher à G&G&G, et j'ai, moi aussi, des obligations de résultats. Il va bien falloir qu'on te...

– Quoi ? Vous voulez me virer ? Mais vous n'avez pas le droit ! Personne ne peut me licencier à cause de votre stupide étude de cas !

– Stupide ? Tu sous-entends que ton client était stupide ?

– Un type qui vient acheter des ordis auprès d'un laboratoire pharmaceutique, j'appelle ça un crétin. Personne ne ferait un truc comme ça.

– On n'en sait rien, l'étude de marché n'a pas démarré.

– Elle démontrera que votre abruti de client n'existe pas !

– Dans ce cas, c'était à toi de l'inventer.

Je m'effondrai sur mon lit et me mis à sangloter. Intérieurement, je priai Cervela de me souffler la conduite à tenir. Mais personne ne me répondit.

Spencer Cheddar s'assit sur le bord de mon lit.

– Allons, allons, ne dramatisons pas. Tu as de la ressource, tu t'en sortiras. Le changement ne doit pas te faire peur, tu as bien retenu cette partie du stage, n'est-ce pas ?

Il posa sa main sur mon épaule.

– Si tu as besoin d'être consolée, papa Spencer est là. Je sais encore y faire, crois-moi.

Je sentis ses doigts descendre de mon omoplate vers le bas de mon dos et son souffle se rapprocher de mon cou. J'étais si pétrifiée d'horreur par la trahison de mes collègues que je n'osai croire à ce qui était en train de se passer. Spencer poursuivait son exploration, murmurant toujours plus près de mon oreille.

– Quand j'ai démantelé la machine outil en Lorraine, haletait-il, j'en ai eu plein, des petites décolleteuses à réconforter. Ah ! elles en voulaient, les gamines. Elles faisaient la queue devant mon…

– Lâchez-moi, ou je hurle !

– Comme tu préfères, concéda-t-il en se relevant lentement. Mais si tu ressens le besoin d'une épaule encore vigoureuse pour t'y appuyer, c'est cette nuit ou jamais, ma petite. Tu sais où me trouver…

Pendant le voyage de retour, personne ne m'a posé de questions mais tout le monde a soigneusement évité de croiser mon regard. Je me demande s'ils savent que je sais.

En arrivant, j'ai tout raconté à Michel. Il voulait casser la gueule à Spencer. Je l'ai dissuadé, mais l'idée m'a fait du bien.

Lundi 4 février

Virée ! Je suis virée...

Ce matin, à peine avais-je remis les pieds au bureau que Betsy est accourue, livide.

– Qu'est-ce qui s'est passé à votre stage, Aimée ? J'ai entendu Hugo de Saint-Vingt et Godinard qui causaient en loucedé. À mon avis, ils vous préparent un sale coup. Pourtant, nous sommes en journée 6 (4+2), je ne comprends pas...

Cinq minutes plus tard, j'étais convoquée à la DRH.

– Comment allez-vous, Aimée ?

– Qu'est-ce qui t'arrive, Bruno ? On ne se tutoie plus ?

– Faites comme vous préférez, mais je vous informe que cet entretien est enregistré.

– Enregistré ?

– En quoi le fait qu'il soit enregistré est-il important pour vous, Aimée ? Vous ne comptez pas tenir de propos racistes ou discriminatoires envers des minorités ethniques, sexuelles ou religieuses ?

– Qu'est-ce que tu racontes ? Tu me connais, tu sais bien que ça m'est égal que quelqu'un vienne de Corrèze ou de la planète Mars.

– Et s'il était asiatique, sioux ou... noir ?

Il insista sur ce mot en me dévisageant par-dessus ses lunettes.

– Ça me serait absolument égal.

– On m'a pourtant rapporté que vous aviez émis des insinuations sur les origines ethniques d'un de vos collègues...

– Marc ?

– Je vous laisse libre de vos allégations, mais je vous rappelle que cet entretien est enregistré.

– Qu'est-ce que c'est que ce plan, Bruno ? J'ai dit à Spencer que Marc est camerounais, et alors ?

– C'est si important que ça, qu'il soit noir ?

– Ce qui est important pour moi, c'est que je rentre d'un stage où j'ai été harcelée sexuellement par un vieux lubrique !

– On m'a effectivement informé que vous aviez mal supporté la pression du training d'aptitude au changement. C'est pourtant vous qui avez demandé à y participer.

– Fais-le et on en reparlera !

– Vos camarades sont revenus en forme, avec l'envie de bouger et de tout changer.

– Ah oui ? Demande à Isabelle ce qu'elle en pense de Cheddar. Je suis sûre qu'il a aussi tenté sa chance avec elle.

– Elle dit que c'est un type extraordinaire au charisme exceptionnel…

– Où veux-tu en venir ?

– Au changement… Le monde bouge, Aimée, et si nous ne bougeons pas avec lui, d'autres bougeront à notre place.

– Je suis prête à bouger. Je ne demande même que ça !

– Tant mieux, Aimée. Car G&G&G a décidé que vous deviez bouger à l'extérieur de son personnel. Voici votre solde de tout compte et un chèque qui devrait vous laisser le temps de vous retourner.

Mardi 5 février

Michel fait ce qu'il peut pour me remonter le moral.

– Ne sois pas triste, mon Aimée. Oublie les Cheddar,

les Godinard, les Cervela... Au fond, ils sont tous dans le même bateau ivre.

– Et ils m'ont jetée par-dessus bord…

– Mais tu sais nager, Aimée ! Ce licenciement, c'est peut-être une occasion de changer vraiment de vie.

– Je ne sais rien faire d'autre que du marketing !

– Tu vas trouver ton vrai talent, j'en suis sûr. Et tu vas en faire quelque chose de beau.

– Et toi ?

– Pendant que tu cherches ta voie, je me dévouerai encore un peu pour jouer le rôle du bon salarié économiquement stable. On y arrivera, tu verras. Si tu m'aimes, ça me suffit…

– Évidemment que je t'aime, Michel. Mais je vais rester seule des journées entières.

– Ça, ça peut facilement s'arranger…

Aurait-il une idée derrière la tête ?

Un temps pour sauver son âme par l'écriture…

(et faire son deuil avec Marida Rieussec)

Mercredi 6 février

Michel m'a fait une merveilleuse surprise aujourd'hui. Il est rentré à la maison avec un tout petit cochon. Il sait que, depuis l'enfance, j'ai toujours adoré les porcelets. Celui-là est nain et il restera toute sa vie de la taille d'un cochonnet. Il est tellement craquant que je l'ai gardé sur mes genoux toute la soirée et que j'ai eu du mal à l'abandonner dans sa caisse pour la nuit.

– Il te plaît ?

– J'en suis déjà gaga.

– Avec lui, tu ne seras plus jamais seule pendant la journée…

– Comment va-t-on le baptiser ?

– Il s'appelle Popol. Mais j'ai bien retenu la leçon de John Grave : les femmes préfèrent les petits cadeaux que les gros. Alors je l'ai découpé en tranches…

– En tranches ? Quelle horreur !

– C'est une image, bien sûr ! J'ai l'honneur de te présenter : P.o.p.o.l !

Jeudi 14 février

Déjà une semaine sans aller au bureau. Les journées sont interminables. Je néglige mon journal alors que j'ai tout le temps d'écrire, désormais. Heureusement, P.o.p.o.l est là pour me tenir compagnie et faire des bêtises. Je le gronde, sans grande conviction. Il me donne aussi un prétexte pour sortir prendre l'air. Je passe le reste du temps à chercher quelle est ma véritable vocation. Rien ne vient.

Lundi 18 février

Betsy vient de m'appeler. Au fil de la conversation, j'ai compris peu à peu que ce n'était pas uniquement pour avoir de mes nouvelles. Elle venait de lire une interview de Marida Rieussec. L'auteure confirmée y racontait comment l'écriture l'avait sauvée de la folie, de la solitude et de l'enseignement du français.

– En lisant ça, j'ai immédiatement pensé à vous, m'a dit Betsy. J'adorais taper vos reportings clients. Vous aviez toujours le chic pour trouver la formulation imbitable mais qui fait hyper mouche.

– Vous êtes sérieuse, Betsy ?

– Je suis plus que sérieuse. Vous écrivez bien mieux que tous les autres gratte-papiers du bureau qui se la pètent avec leurs abréviations anglaises !

– C'est peut-être vrai, ai-je concédé, étrangement touchée par le compliment. Je me souviens que mes institutrices lisaient mes devoirs à tous mes camarades.

– J'en étais sûre ! En général, j'ai du pif en artistique. Les jumelles niçoises, j'avais parié sur elles dès le début de Pékin Express.

– Vous croyez que c'est le signe que j'ai quelque chose à voir avec l'écriture ?

– Évidemment ! Tous les grands écrivains ont un jour été bon en rédac'.

– C'est si loin tout ça... ai-je répondu du bout des lèvres et au bord des larmes.

– Qu'est-ce que vous risquez ? Vous n'avez rien d'autre à faire de toute la sainte journée, profitez-en : faites-nous des livres !

Je suis restée silencieuse, mais j'ai senti que quelque chose se mettait en mouvement à l'intérieur de moi.

Mercredi 20 février

Je pense que Betsy a vu juste. J'ai pris le temps de relire tous mes cahiers d'écolière ainsi que de vieux rapports d'audit et je suis obligée de convenir que j'écris bien quand je m'en donne la peine. Je crois que l'écriture serait une formidable thérapie pour moi. Un moyen pour atteindre ce « lâcher-prise » dont j'ai infiniment besoin.

Dimanche 24 février

Michel et moi sommes allés promener P.o.p.o.l. Je lui ai parlé de mes projets d'écriture. Non seulement il n'a pas rigolé mais il m'a même encouragée.

– Moi, en tout cas, j'aimerais beaucoup te lire, m'a-t-il affirmé.

– Tu es sérieux ? Tu penses que je pourrais m'inscrire à un atelier d'écriture et devenir écrivain ?

– Pourquoi pas ? Je suis sûr que tu as un beau regard sur les choses et sur les êtres.

J'ai noté discrètement la formule dans un coin de ma tête. Parfois, je me dis que c'est lui qui devrait se mettre à écrire.

Mardi 26 février

Hasard ou coup de pouce du destin ? Dans le dernier *PsychoPlus*, avec Faudel en couverture, un dossier de dix pages intitulé : « L'écriture, elle m'a sauvé la vie ». Cette fois, j'ai craqué. Je me suis inscrite à un « Writing Therapy Workshop » (atelier d'écriture) par Internet et j'ai acheté tous les livres de Marida Rieussec. J'ai commencé à dévorer son best-seller, celui où elle se transforme en nombril géant. Les autres sont plus classiques dans la forme mais terriblement exigeants dans le fond. On sent qu'elle écrit très vite, dans l'urgence absolue de dire le trop-plein de nos vies vides de sens. C'est exactement ce que je dois réussir à faire.

Mercredi 27 février

Je crois que, peu à peu, je commence à m'habituer à ma nouvelle vie. C'est si bon de prendre le temps de bouquiner en buvant du thé. Se tenir à l'écart du fracas du monde, entrer en relation intime avec Marida, l'écouter nous dire ce que nous savons déjà mais écrit noir sur blanc.

Comme un pianiste fait ses gammes, je fais humblement mes exercices d'écriture cathartique et de libre association et je les envoie par mail à ma writing coach. Pour progresser en construction du récit, elle m'a conseillé Barthes, Genette et d'autres vieux rasoirs… mais je préfère apprendre directement au contact des vrais auteurs. J'ai pris l'option « narration intime » et j'ai l'impression de me découvrir plein de grandes sœurs. Aurais-je trouvé ma vraie famille ? En tout cas, c'est comme elles que je veux écrire.

Pourtant, je ne veux surtout pas copier. Je tiens à être moi-même devant le miroir de la page blanche. Sinon, à quoi bon ?

Jeudi 28 février

J'ai passé la journée à faire des essais pour essayer de comprendre quel est mon style personnel. J'en suis arrivée à la conclusion que les pulls boulochés et la frange Biguine sur le front, ça ne me va pas si mal. J'ai aussi trouvé dans mon armoire une jupe en lainage – jamais portée – et des bas épais, genre contention, à la Yourcenar. Au pire, je me coupe les cheveux très courts et je joue la khâgneuse androgyne sous acide. Mais y a-t-il encore un public ? Ce qu'il me faudrait, ce sont des lunettes à double foyer à la Pivot…

Vendredi 29 février

Michel a le chic pour débarquer quand il ne faut pas. Tout à l'heure, il m'a surprise en pleine recherche de mon style littéraire et il m'a dit que je ressemblais à Virginia Houlfe. Je suis allée voir sur Google Images. Rien trouvé. En revanche, j'ai découvert une Anglaise, complètement siphonnée, qui s'appelle Virginia Woolf. J'ai survolé son best-seller, *Mrs Dalloway*. C'est illisible mais la vie de cette nana est géniale. Elle a d'ailleurs été incarnée par Nicole Kidman au cinéma... Du coup, j'ai trouvé mon style : chignon en vrac, lunettes sur le bout du nez (j'en ai dégotté une vieille paire absolument parfaite), gilet en laine un peu lesbien, robe Laura Ashley et collant en lainage. Cette fois, je suis prête. J'ai envoyé ma photo à ma coach.

Lundi 3 mars

Sur les conseils de ma coach, j'ai fait un exercice de lâcher-prise devant mon ordinateur mais rien n'est venu. Est-ce vraiment étonnant, avec la vie sans intérêt que je mène ici entre P.o.p.o.l et Michel ?

Il doit confusément sentir qu'il est responsable de mes blocages parce qu'il m'a suggéré de partir quelques jours en Normandie avec P.o.p.o.l. Ma tante a une maison à Yonville, qu'elle nous prête volontiers. Il me rejoindra les week-ends. Le reste du temps, enfin seule, je trouverai peut-être le silence propice à l'écriture.

Jeudi 6 mars

Yonville, depuis déjà une semaine, et toujours rien. Il se passe si peu de choses dans ma vie. Mais il se confirme que je vais beaucoup mieux quand Michel n'est pas là. Son côté aimant et terre-à-terre me tire vers le bas et empêche le sublime de se déployer en moi.

Je ne quitte jamais mon dictaphone où j'enregistre toutes mes pensées. Pour l'instant, je n'ai rien de mieux que : «*Je suis emmurée vivante dans ma narratologie personnelle.*» C'est ça, terriblement ça.

Signe encourageant, ma coach adore mon look Virginia Woolf.

P.o.p.o.l a disparu. Peut-être, lui aussi, s'ennuyait-il trop ?

Vendredi 7 mars

Ce matin, j'ai retrouvé P.o.p.o.l agonisant sur le bord de la Nationale. Je l'ai veillé toute la journée et je continuerai cette nuit. Ma coach m'encourage car elle dit que l'insomnie est propice à l'infraction littéraire.

Samedi 8 mars

Ça y est, il est arrivé quelque chose. Quelque chose de terrible qui a mis en marche le processus. Je le sais. Je le sens dans chacune de mes fibres. Je vais écrire. J'écris. Je lâche tout. Je suis écrivaine !

Aujourd'hui, à 8h57 du matin, P.o.p.o.l est mort. Un accident. Un coma. Un mort. J'écris cela. Je relis cela. Je commence le travail. Il faut me faire à l'idée. Je le réécris. Je le rerelis. P.o.p.o.l n'est plus là. Je ne comprends pas encore. Le rose est toujours là. Ne part pas. Ne s'en va pas. Je ferme les yeux. Grouic. Et il est encore là. J'appuie sur ma paupière et il reste là. Je le dessine. Je trace un ovale pour le ventre. Un ovale plus que parfait pour un irréel du présent. Existe-t-il un irréel de l'absent?

Les autres, tous les autres, vivent dans l'ignorance de la mort de P.o.p.o.l. La boulangère surtout. «Bien cuit, comme d'habitude?» Mon hébétude semble la fasciner. Elle est compacte. Solide. Pas la boulangère. Mon hébétude.

Je dessine P.o.p.o.l. Je ne montre rien à Michel qui est arrivé de Paris. Ce n'est pas prêt. C'est trop près.

P.o.p.o.l avait une putain d'envie de vivre. Il gambadait dans le jardin. C'est moi qui ai insisté pour qu'on le laisse libre de se promener. Il venait d'avoir 5 mois. J'écris cela, putain. La Nationale. Les camions. Vroum. Quand P.o.p.o.l est mort, j'ai vu Michel pleurer. Des larmes d'homme. Droites. Michel est un bite-à-queue, un mec qui pleure comme on pisse, à la régulière. Je n'arrive pas à pleurer.

J'explique cela sans l'expliquer. J'ai 100 000 ans. Personne ne semble voir que j'essaye de crier. Le facteur me demande « Tiens, où est passé P.o.p.o.l ? » What the fuck?

Dimanche 9 mars

P.o.p.o.l est toujours mort. Il mourra tous les matins désormais, à 8 h 57. C'était hier. Et déjà, nous sommes aujourd'hui. Et puis viendra demain. Sera-t-il encore mort?
- Tu n'as rien à te reprocher, m'a dit Michel.
Je lui ai caressé la joue. J'ai senti qu'il avait trouvé le courage de se raser malgré l'absence. D'abord il y avait lui, moi, P.o.p.o.l. Et depuis hier : lui, moi, plus de P.o.p.o.l. Missing pig. Trait d'union effacé. Fracture de la banquise dans le blanc glacé du Pôle. J'écris Pôle et je pense Popôle.

Lundi 10 mars

J'ai envoyé mes premières pages sur la mort de P.o.p.o.l à ma coach. Elle m'a rappelée aussitôt ! On a eu un super contact au téléphone. Elle a un peu la voix de Pascale Clarck, énigmatique, pleine de non-dits complices. Elle prétend que je suis sa meilleure élève et elle m'encourage à aller au bout. Elle affirme que ça sent le best-seller ! Même si je n'écris pas pour vendre, je n'oublie pas que j'aurai besoin de cet argent pour continuer à dire. Du coup, je me suis inscrite au deuxième cycle de cours. Je voudrais arriver, au moins, au niveau « *narratrice ommisciente* ».

Comme il m'a vue très remuée par la perte de P.o.p.o.l, Michel a pris un jour de congé pour rester près de moi. Les Devanlaye, de vieux amis de ma tante, sont passés nous voir. Ils ont apporté du cidre et des épluchures pour P.o.p.o.l. Je me suis éclipsée pour écrire ça. Je n'ai même pas besoin d'inventer…

C'est comme si le bouchon du robinet de l'écriture avait enfin sauté. Ça coule. Ça sort de moi en flots sombres, tumultueux et intarissables. Il faut que j'écrive.

Michel a tout expliqué aux Devanlaye. Catherine Devanlaye dit que je devrais appeler notre assurance, que c'est peut être couvert dans la multirisques habitation. J'ai composé le numéro vert de la MATMUT. J'ai dit : « P.o.p.o.l est mort ».

Une voix anonyme et professionnelle a fait mine de compatir.

– Hélas, vous n'avez droit à aucune indemnité…

– Je ne veux pas être indemne !

(C'est dingue, même à l'oral, les répliques me viennent toutes seules désormais !)

Silence embarrassé de l'employée. Elle a proposé de nous envoyer un accompagnateur de travail de deuil. J'ai pensé à la « matière brute » qu'il me faut pour mon livre. J'ai dit oui.

Mardi 11 mars

Le psychologue assistant de deuil de la MATMUT est arrivé à 9 h 34. Il a une barbe à la Régis Laspalès. Il sent l'Axe pour homme et la douleur. Il me fait signer des papiers. Je m'exécute docilement. Il me propose une extension de garantie pour nos bicyclettes garées devant la maison. Je ne pourrai plus jamais faire de vélo, j'ai perdu pour toujours l'équilibre. Je lui dis cela.

Il me dit qu'il faut qu'on mette des mots sur tout « ça ». Je lui montre mon dessin de P.o.p.o.l. Il m'encourage à le colorier.

Nous marchons dans le jardin. Tout me parle de P.o.p.o.l. Les mottes de terre retournée, les sillons qu'il adorait creuser, les fleurs qu'il aimait manger… Mais P.o.p.o.l est m.o.r.t. Dire le mot, à la lettre près. Je dis cela. Cela, je le dis. Je demande à l'accompagnateur s'il comprend tout. Il me dit qu'à la MATMUT tout est compris.

Mercredi 12 mars

Ma coach dit que la thérapie fonctionne parfaitement, que je suis en train de me libérer et que rien ni personne ne pourra m'arrêter. Elle est très fière de moi.

La boulangère est passée chercher son dû pour la semaine. Elle a appris pour P.o.p.o.l. Elle est désolée car elle l'aimait bien. Selon elle, le pire des deuils, c'est après le suicide d'un proche. C'est arrivé à son époux, à Prague : son mari s'est pendu le soir où les communistes sont venus l'arrêter. C'est pour cela qu'elle a fui son pays et qu'elle a tout recommencé en France. Je lui ai ordonné d'écrire tout ça, je lui ai même proposé de l'aider. Elle m'a répondu qu'il y avait déjà beaucoup trop de livres, qu'elle n'avait aucune envie d'étaler sa douleur en librairie. Quelle lâcheté ! Je l'ai laissée à ses risibles amours de femme muette et j'ai repris opiniâtrement mon devoir d'écriture.

Je montre à l'accompagnateur l'endroit où dormait P.o.p.o.l. Il me demande ce que nous comptons faire du petit corps.
– Dans votre cas, le plus simple, ce serait de donner les restes au charcu...
Il sait que je sais ce qu'il sait qu'il va dire et il sait que je sais qu'il sait que je vais trouver en moi la force de l'étrangler s'il dit ce que je sais qu'il veut pouvoir dire à l'instant où il s'apprête à le dire.
Il recule. Soudain, je m'entends lui demander qu'on le congèle. Let's freeze it.

`Au froid, dans le noir, il y aura P.o.p.o.l. pour toujours.`

Jeudi 13 mars

J'ai tout écrit. Tout raconté. Ça fait dans les quatre-vingt-sept feuillets. On peut en faire un petit volume. Très sobre, très digne, avec une police à gros caractères. Je crois aussi qu'il faut un papier légèrement tramé et une couverture gaufrée mate, dans les beiges écrus.

À la limite, mon portrait en bandeau mais en noir et blanc.

Pour le moment, je n'ai envoyé le manuscrit qu'à Paul Éditions, la maison qui édite Marida. Après tout, c'est un peu grâce à eux que j'ai trouvé ma voie. Ma voix.

J'ai également envoyé les bonnes feuilles à Guillaume P., un copain de Michel, qui bosse aux *Inckoruptibles* et j'ai posté une copie du manuscrit à Betsy avec un mot de remerciement signé de ma main. Je ne veux rien devoir à personne.

Vendredi 14 mars

Je réfléchis sans cesse au prochain bouquin. J'ai déjà trouvé le titre : *Déchirure(s)*. Je voudrais l'écrire avec les dents, celui-là, en déchiquetant les convenances littéraires. J'ai cherché un sujet du côté de la castration, du cannibalisme ou de la drogue. Mais ma coach pense que c'est trop inoffensif comme sujet. En errant dans la maison à la recherche d'un sujet dérangeant et transgressif, je suis tombée sur une paire de jeans décousus que Michel a laissée traîner. Je crois que je vais essayer d'aborder la rupture. Ma coach dit que c'est casse-gueule comme sujet. Moi, je sais que si c'est raconté de façon volcanique et carnassière, ça peut marcher.

Demain, Michel revient pour le week-end. Je vais lui annoncer que je le quitte. Il faut être fou pour écrire cela.

Samedi 15 mars

Terrible journée qui devrait faire quelques belles pages de *Déchirure(s)*.

Michel est arrivé ce matin, les cheveux en bataille, du champagne sous le bras et le sourire aux lèvres. Il a un côté chien fidèle, touchant et répugnant à la fois.

– Bonjour, mon Aimée chérie. J'ai une faim de loup, pas toi ?

– Je suis désolée, Michel, mais il faut absolument que je te quitte…

Il a tellement pâli que j'ai senti mon cœur se serrer. J'ai failli lui sauter au cou, lui dire que c'était une mauvaise blague, que je l'aimais, que j'avais besoin de lui, que jamais je ne trouverais un mec aussi bien que lui, que je l'avais attendu des années, que nos âmes étaient indissolublement mêlées, qu'elles s'étaient choisies à notre insu… Mais tout ça a déjà tellement été rabâché.

Alors, je lui ai donné un coup de talon dans le tibia. Il s'est plié en deux, suffoqué de surprise et de douleur. J'ai tenu le coup, mais ça a été beaucoup plus dur que prévu. Tant mieux pour le bouquin.

– Je ne veux plus te revoir, Michel. Surtout n'essaie pas de me faire changer d'avis, il faut m'oublier. Je ferai très peu de médias. Tout ce que j'ai à dire est déjà dans mes livres.

Il a chancelé jusqu'à sa voiture, s'est assis à l'intérieur et il est resté immobile, la tête posée sur le volant. De ma fenêtre, je voyais les sanglots lui soulever les épaules à intervalles réguliers.

Coup de chance, il s'est mis à pleuvoir. J'ai mis du Tom Waits et j'ai tout noté précieusement. J'en suis déjà à dix mille signes.

Dimanche 16 mars

Ça démarre super bien : il a dormi dans sa voiture et, ce matin, j'ai trouvé une lettre sur le paillasson.

Mon Aimée,

Tu ne veux plus me voir… Je crois que, dès notre rencontre, je me suis préparé à ce moment. Toi et moi, ça a toujours été un miracle trop fragile pour durer longtemps. Mais tu m'as aimé quatre ans et ça restera les plus belles années de ma vie. De cela, je ne pourrai jamais assez te remercier.

Merci aussi de ton coup de pied. J'ai encore un peu mal, mais pas assez. Je voudrais que la douleur ne faiblisse jamais puisque c'est elle qui, désormais, me lie encore à toi.

Je ne sais toujours pas ce que tu faisais avec un type comme moi, petit informaticien qui prend du bide et a besoin de ses Forty's d'Afflelou pour bouquiner au lit... Sans doute as-tu déjà trouvé beaucoup mieux.

Je te laisse, mon Aimée. Comme tu me l'as demandé. Prends soin de toi. Et surtout, écris. Tu as du talent, j'y crois.

Sois toi-même et tout ira bien.

Michel

PS : Ne t'en fais pas pour moi. Un chagrin comme le mien, ça remplit une vie ou deux.

J'ai recopié intégralement la lettre de Michel dans mon manuscrit : ça m'a fait gagner une page.

Lundi 17 mars

Toujours aucun coup de fil de Paul Éditions. J'ai pris mon courage à deux mains et je les ai appelés.

– Je voudrais parler à Monsieur Paul.

Voix glaciale de standardiste :

– Je regrette, Madame, il ne prend pas d'appel en direct.

– Moi, il me prendra, dis-je en serrant les dents.

– Vous êtes ?

– Marida Rieussec.

– Encore ? Je veux dire... excusez-moi, je ne vous avais pas reconnue.

Elle me le passe. Il a une voix infiniment lasse.

– Qu'est-ce qu'il y a, Marida ?

– Je ne suis pas Marida...

– Hein ? Qui êtes-vous alors ?

– Aimée Rouault, ça vous dit quelque chose ? Je vous ai envoyé un manuscrit vendredi, nous sommes lundi et je m'interroge sur votre silence. Je sais que d'habitude, vous êtes bouleversé et que vous appelez les auteurs au milieu de la nuit.

Il bafouille lamentablement.

– Ah, c'est vous. Le cochonnet…

– Qu'est-ce que vous n'arrivez pas à me dire, Paul ?

– Rien… c'est que je…

– Vous prenez mon texte, oui ou non ?

– Écoutez, laissez tomber cette histoire où vous aurez des ennuis. Je sais de quoi je parle…

– Je prends la littérature très au sérieux, Paul. Personne ne m'empêchera d'écrire.

– Vous ne connaissez pas le petit monde de l'autofiction, vous ne savez pas à qui vous avez affaire... Ils vous briseront. Et moi avec, s'ils apprennent que je vous ai parlé. Elles, surtout…

Je sentais dans le combiné la terreur sourdre de chacune de ses expirations.

– De quoi parlez-vous, Paul ? demandai-je, troublée à mon tour.

– Elles… Les auteures, les furies froides. Et tous les autres aussi. Ils se surveillent, se jalousent, s'écharpent dans les médias, se font des procès psychologiques... Et moi, je suis au milieu d'eux. Je n'en peux plus…

– Vous n'avez pas le monopole de la douleur, Paul. J'irai voir ailleurs !

Il se mit à murmurer.

– Moins fort ! De toute façon, le deuil n'est plus du tout tendance.

– Et ma rupture volontaire avec mon compagnon ?

– C'est un people, un politique ou un philosophe médiatique ?

– Un informaticien.

– Laissez tomber…

– Et si j'avais une maladie orpheline… ?

– Filmez-vous, ça peut marcher sur MySpace…

– Mais alors, l'écriture ?

– Oubliez l'écriture. Tiens, ça ferait un titre pas mal chez nous, ça…

De rage, et par défi, j'ai emballé trois ou quatre exemplaires de *P.o.p.o.l est mort* que j'ai envoyés à quelques éditeurs à Goncourt. Puis je suis allée me coucher. Je n'étais même pas triste. J'étais cassée du dedans. J'ai été tentée, un instant, d'écrire quelques pages sur la cassure du dedans, mais je n'ai pas eu le courage de me relever. Pourquoi faut-il toujours lutter ?

Un temps pour mourir lentement grâce aux médecines douces...

(en toute franchise médicale)

Vendredi 21 mars

Au courrier, il y avait une invitation du marquis d'Andervilliers. Pour des raisons que j'ignore, les d'Andervilliers sont des « amis » de ma famille depuis des générations. Cela fait plus d'un siècle, tous les ans à la même époque, qu'ils nous invitent à leur grand bal au château de La Vaubyessard. D'habitude, nous évitons toujours soigneusement cette corvée mondaine. Cette année, j'irai peut-être.

Dimanche 23 mars

J'ai découvert au grenier de vieilles affaires soigneusement rangées dans des malles : jupons, fichus, collerettes, pantalons à coulisse... Il y avait également une boîte de biscuits de Reims contenant un mouchoir de poche, des lettres d'amour, une jarretière, des épingles...

Et le portrait miniature d'une femme qui me ressemble étrangement.

J'ai essayé une robe de bal, safran pâle, brodée de bouquets de roses mêlées de verdure. Elle m'allait parfaitement. Je me demande à qui elle appartient.

Samedi 29 mars

J'ai passé la semaine à rêvasser, essayant les vieux vêtements retrouvés au grenier, dépoussiérant les objets découverts dans les malles et imaginant, pour chacun d'eux, une histoire. Les jours se sont écoulés ainsi, sans joies et sans souffrances, à part quelques coups de fil de démarchage pour me vendre des fenêtres en Alu. Est-ce cela l'ennui véritable ?

Malgré mon humeur maussade, j'ai confirmé ma présence au bal de La Vaubyessard. Je mettrai la robe de bal trouvée au grenier.

Dimanche 30 mars

Nuit inoubliable. Postés sur le perron du château de La Vaubyessard, le marquis d'Andervilliers et son épouse accueillaient personnellement chacun des invités. Ils m'ont saluée chaleureusement.

– Vous voilà ! s'est exclamée la marquise. Cela fait des siècles que nous désespérions de vous revoir.

– Vraiment ? me suis-je étonnée. Il me semblait avoir lu : *« le 29, à partir de 21 heures »*…

– Qu'importe le retard !, a tranché le marquis. Vous serez toujours la bienvenue à La Vaubyessard, Emma…

– Aimée, ai-je corrigé.

Mais déjà, mes hôtes avaient descendu une marche pour embrasser Danielle Gilbert et Paul Wermus, venus en voisins.

Après avoir gravi le grandiose escalier en marbre, j'ai pénétré dans la salle de bal du rez-de-chaussée. Un traiteur parisien, réputé pour ses prix extravagants, avait réparti sur le périmètre de l'immense pièce, de petits buffets à thème dont la richesse m'évoqua la dernière Convention Cadres de G&G&G au Carrousel du Louvres. Je remarquai incidemment que j'étais la seule à porter une robe bouffante du XIXe siècle, mais personne ne sembla y accorder la moindre attention.

Après quelques flûtes d'un délicieux champagne, je me sentis parfaitement bien et, quand débuta le *show case* de Philipe Laville (celui qui tape sur les bambous), je me lançai dans la danse avec autant de frénésie que si j'avais attendu ce moment depuis toujours. En contrepoint des rythmes de disco-zouk, on entendait le tintement des verres, les rires des filles, les sonneries des téléphones portables.

Sur la scène, Gérard Blanc (le chanteur des Martin Circus) prit la relève de Philippe Laville. La batterie lançait des éclats sonores, les pieds retombaient en cadence sur les paroles de *Marylène*, les robes frôlaient les domestiques en livrée, les mains se donnaient, se quittaient...

À trois heures du matin, le récital Michèle Torr a commencé. Je comptais en profiter pour prendre l'air et j'allai sortir lorsqu'un inconnu m'aborda. C'était un homme d'une cinquantaine d'années, pantalon beige et veste de velours rouge, racé et élégant, comme ceux qui font visiter leurs châteaux dans « Des racines et des ailes ».

– Hubert-Georges, vicomte de Longueville, se présenta-t-il.

– Aimée Rouault, de Yonville, balbutiai-je.

– Appelez-moi Hubert. Vous partiez déjà ?

– Je voulais me promener un peu dans le parc…

– Je vois, me dit-il d'un air entendu. Une petite ligne, sous la lune…

– Une… ? Oh non ! Je vous en prie, ne croyez pas que…

– Vous avez raison… J'ai arrêté moi aussi. Je suis déjà assez speedé comme ça, sans rien prendre. Là, par exemple, j'ai envie de tous les gifler, ces tocards. Et les filles ? Vous avez vu le look impossible de toutes ces pouffes ? D'un vulgaire ! Alors que vous… ce côté fripe-chic, les trous de mites dans le dos, le déstructuré du bustier. C'est du *ready to wear* de chez Galliano, n'est-ce pas ?

– Ça traînait chez moi…

Il éclata d'un rire haut perché.

– Ah, ah, ah ! J'adore l'idée des fringues de Galliano qui traînent partout dans la baraque !

Il me prit par le bras et m'entraîna à l'extérieur. Tandis que nous marchions, je ne pouvais m'empêcher de faire la comparaison entre le vicomte et Michel. Pauvre petit Michel. Un abîme infranchissable les séparait. Pas uniquement la fortune mais la veste de velours rouge Pompéi, le foulard grenat dans le col, la prestance de l'alopécie assumée, une odeur de pur-sang monté l'après-midi même… Et cette façon de faire bouffer ma robe en cadence, au rythme de ses grands pas nerveux. Le vicomte me confia ses problèmes d'ISF, ses soucis de toiture, la captation d'héritage que tentait sa sœur… Je compris qu'il n'avait pas d'enfant et qu'il vivait seul. « *Comme moi…* », songeai-je, délicieusement émue. Heureux d'avoir trouvé une âme sœur, le vicomte continuait à me parler fébrilement mais je ne l'écoutais plus. Tout s'était mis à tourner autour de nous. Il baissait ses regards vers moi, je levais les miens sur lui. Une merveilleuse torpeur m'engourdissait. J'oubliais Michel, sa tendresse pataude, son amour solide, profond et ennuyeux.

Le vicomte m'entraîna jusqu'à un banc de pierre, en lisière d'un bosquet sombre, où, haletante, je faillis tomber à la renverse. Un fugitif instant, j'appuyai ma tête sur sa poitrine. À travers son gilet de taffetas, je sentis que son cœur battait la chamade. J'en fus troublée jusqu'au fond de l'âme.

– Pourquoi ne passez-vous pas me voir à la Tour de Longueville ? me demanda-t-il en plantant son regard d'aristocrate ténébreux dans mes yeux encore étourdis. Je vais bientôt fêter mon anniversaire et on manque toujours de filles.

– Ah, vicomte… Je ne sais qu'ignorer si je le dois-je… improvisai-je.

– Voilà qu'elle nous fait sa bêcheuse ! se moqua-t-il tendrement en posant un index mutin sur le bout de mon nez. Venez, sinon je boude !

Je crois que j'ai enfin trouvé la vie pour laquelle je suis faite : une existence où le cœur se dilate et où les sens s'épanouissent au contact de gens délicats et raffinés. Revoir le vicomte, vite !

Mardi 1er avril

Pas de nouvelles, ni d'invitation, du vicomte de Longueville. Ce doit être un grand timide, à l'ancienne. Tant mieux.

Mercredi 2 avril

Depuis le bal, je soufre d'une légère toux, assez euphonique, qui me donne un petit air pâle et distingué que j'espère garder jusqu'à l'anniversaire du vicomte.

Jeudi 3 avril

Devant le silence du vicomte, j'ai pris l'initiative de lui écrire une lettre à la plume.

« *Ohé ! Du Château !,*

J'ai tort, ah, mon ami, j'ai tort ! Ne sais-je point assez qu'elle importune je fais ? Peut-être chevauchez-vous, à moins que ne chassiez en vos bois ou ne restauriez-vous votre chapelle familiale. Allons, bien folle je suis de vous compromettre ainsi. Qui me donne cette audace insensée ? Serait-ce de percevoir encore l'étourdissement de votre étreinte fugace et le frémissement de nos sens à l'unisson ? Las, monsieur, on ne peut rien contre cela.

Donnez-moi votre heure, vicomte, et vous me trouverez prompte à vos pieds pour votre anniversaire.

Votre âme dévouée,

Aimée »

J'ai ajouté une rose de taffetas parfumée dans l'enveloppe mais je n'ai pas dit un mot de ma toux qui s'aggrave, je ne veux pas qu'il s'inquiète.

Vendredi 4 avril

Dans les petites annonces du *PsychoPlus* de ce mois, j'ai trouvé les coordonnées de l'aroma-naturothérapeute de Yonville, un certain Monsieur Homais. Il est venu aussitôt, m'a imposé les mains sur les tempes et m'a prescrit une décoction de diachylum arsenical bio qu'il prépare lui-même dans son arrière-boutique.

Dimanche 6 avril

Malgré le dévouement de Monsieur Homais, ma toux ne passe pas. Le brave homme a fait réaménager ma chambre selon les principes du Feng Shui. En complément d'un ionisateur d'air, j'ai acheté un drap de cuivre pour évacuer mes ions négatifs ainsi qu'un oreiller en balle d'épeautre et un diffuseur d'huiles essentielles.

Homais a cartographié les champs de radiations électromagnétiques dans la maison : son testeur a failli exploser ! D'un commun accord, on a supprimé la télé, le radio-réveil, le téléphone sans fil et les ampoules électriques.

Je dors beaucoup mieux.

Samedi 5 avril

Je consacre l'essentiel de mes forces à écrire de longues missives au vicomte. Son silence me pèse, mais je lui pardonne. Aujourd'hui, Homais m'a fait une surprise : il est arrivé avec un chat Yang pour équilibrer mes humeurs Yin. Un jour sur deux, il me pose des bougies d'oreille ou me masse au fil d'ambre ionisant (je suis tombée de 350 microwatts / cm^2 en charge cellulaire à moins de 25). Léger mieux côté toux, mais je sens comme un point douloureux dans mon dos.

Lundi 7 avril

Les journées s'écoulent sans lettres ni visites. À part Monsieur Homais, toujours aussi fidèle. En ce moment, on essaie les états d'expansion de conscience (EEC) à base de fréquences audios spéciales.

Ma toux devient rare et plus caverneuse. Homais dit que c'est bon signe car je creuse en moi pour en expulser les exhalaisons funestes. Pour accompagner cette purge vitale, il m'a mise au jeûne-dînatoire âyurvédique (en alternant Vata, Pitta et Kapha). Il a aussi augmenté les doses de diachylum arsenical.

Jeudi 10 avril

Joie et espérance sont revenues faire leur nid dans mon cœur. J'ai enfin reçu une réponse du vicomte :

« Som à Ibiza. A b1to. Love ».

Love ! Je me répète inlassablement ce mot. Dire que j'ai failli douter de son amour...

Mais la boulangère est venue tout gâcher. Malgré mes précautions, elle a réussi à fourrer son nez curieux jusque dans ma chambre. Elle m'a conseillé de consulter un « vrai médecin » (sic) et de me méfier de Homais. Selon elle, il aurait été radié à vie de l'ordre des rebouteux. J'ai fait semblant d'écouter ses commérages de bonne femme jalouse, en attendant qu'elle débarrasse le plancher.

Mercredi 16 avril

J'ai reçu les réponses des éditeurs pour le manuscrit de *P.o.p.o.l est mort*. Des courriers glaciaux et impersonnels, à part celui des *Inckoruptibles* qui me proposent une coédition. Je ne répondrai à personne. Tout cela m'est égal désormais... Je partirai incomprise mais sereine.

Homais doit le sentir car il m'exhorte à faire chaque jour un peu plus corps avec l'esprit et à chercher en moi les clés de l'intérieur de l'extérieur.

Lundi 21 avril

Je suis très faible. Homais a renoncé à m'inscrire au week-end de randodiète qu'il organise sur la côte normande. Il m'a enseigné quelques postures de yoga des paupières (mudranas) à faire depuis mon lit.

Mercredi 23 avril

Aujourd'hui, c'est la saint Georges, second prénom du vicomte. J'ai demandé à la boulangère de lui trouver un coffret de calvados hors d'âge et une gerbe de lys blancs. Elle a refusé, ajoutant que je ferais bien d'oublier le vicomte.

– C'est pas des gens à fréquenter, a-t-elle cru bon de commenter avec son bon sens populaire, totalement hermétique à la passion.

– Ça dépend pour qui, ai-je trouvé la force de répondre. Figurez-vous que je suis invitée à l'anniversaire du vicomte.

– Regardez-vous, vous tenez à peine debout ! Et son anniversaire, c'était samedi dernier, en présence d'Amanda Lear et de Massimo Gargia. Vous devriez sortir un peu et lire les journaux au lieu de rester enfermée avec cet escroc de Homais.

– Vous mentez ! ai-je hurlé dans un spasme qui m'a déchiré la poitrine. Je dois lui parler !

– Il est à Dubaï avec son nouveau jardinier, votre vicomte. Vous n'avez pas encore compris... ?

J'ai chassé la sorcière. De toute façon, Homais m'interdit de manger du pain.

Jeudi 24 avril

Les forces m'abandonnent, mais Homais dit que mon aura s'éclaircit à vue d'œil.

De ma fenêtre, j'aperçois encore ce monde où je n'ai déjà plus ma place. Sous le soleil piquant d'avril, les toits d'ardoises resplendissent d'une joie qui m'est étrangère. Allons, c'est bientôt fini.

Samedi 25 avril

J'ai utilisé mes dernières forces pour écrire à Betsy. Avant de m'en aller, je voulais qu'elle sache que je pars sereine.

Quel effet cela fait-il de mourir ?

Patience, je sens que ça vient.

Lundi 28 avril

En pleine glissade vers le néant, j'ai reçu un coup de fil de Betsy qui m'a tirée de mon doux engourdissement.

– C'est quoi ce plan, Aimée ? Votre lettre d'adieu à la plume ? Ces histoires de vicomte, de bal au château... ? Vous êtes malade ?

– Une petite fluxion, Betsy. Tout ira mieux dans ma prochaine réincarnation. À propos, méfiez-vous des appareils sans fil, des fours à micro-ondes et des soutiens-gorge à armature qui bloquent les chakras du plexus. Au bureau, pratiquez l'enlacement divin de Shiva et Shakti dès que vous avez mal aux cervicales... Je compte sur vous.

– Vous allez vous remettre, j'en suis sûre !

– C'est mon âme qui est malade, Betsy. Même Monsieur Homais n'y peut rien...

– Votre âme ? Je crois que j'ai ce qu'il vous faut. Essayez

de tenir bon quelques heures encore, je vous envoie un cador en problèmes d'âme.

– C'est sympa, Betsy. Mais j'ai tellement de sang à cracher que je ne reçois personne en ce moment.

J'ai raccroché et j'ai regardé la nuit tomber silencieusement sur Yonville.

Un râle métallique se traîna dans les airs et quatre coups se firent entendre à la cloche du couvent. Quatre heures... La belle heure pour mourir.

J'ai tendu la main vers la bouteille de diachylum arsenical et, avec mes dernières forces, je l'ai vidée d'un trait.

Un temps pour tout résiliencer avec Boris Cytuldick…

(il suffira d'un cygne)

Mercredi 30 avril

Quand j'ai ouvert les yeux, un quinquagénaire dégarni à lunettes était assis au pied de mon lit. Il portait une veste sombre sur un col roulé beige et arborait un sourire confiant.

– Monseigneur Gaillot ? ai-je trouvé la force d'ânonner malgré ma demi-inconscience.

– Ah non, désolé. Moi, c'est Boris.

– Un prince russe ! Voulez-vous bien être mon cavalier, l'année prochaine, au bal de La Vaubyessard ?

– Vous n'y êtes pas. Je suis Boris Cytuldick, résilienceur[1] diplômé d'État.

– Que faites-vous dans ma chambre ?

– Je réponds à votre appelence.

– Quelle appelence ?

– Vous n'avez pas souvenence ?

– Je me souviens seulement d'avoir avalé ma bouteille de diachylum…

1. Les éditions Chiflet & Cie ont acquis, pour un an renouvelable, la licence d'usence du vocabulaire de la résilience.

– Effectivement. Et votre amie Betsy est aussitôt entrée en correspondence avec le standard de « SOS Résilience ». J'étais de permanence, je suis venu en urgence.

– Mon Dieu ! Il y a longtemps que vous êtes à mon chevet ?

– Ça n'a pas d'importence. Vous êtes sauvée, c'est le principal. On vous a purgée de tout l'arsenic. Vous allez sucer des pastilles Valda pour calmer votre toux et vous pourrez résiliencer tranquillement.

– Résiliencer ? De quoi s'agit-il exactement ?

– La résilience ? C'est une découverte capitale ! Si vous êtes un vilain petit canard rouquin, mal parti, cabossé de la vie et éclopé du passé, avec le cœur grenadine en mille morceaux, la résilience peut vous transformer en cygne de grande prestence qui double tout le monde sur les étangs de l'existence.

– Je suis si lasse des traitences, ai-je soupiré. Monsieur Homais a déjà tout essayé...

– Grâce à votre boulangère, Monsieur Homais a été mis en examen pour exercice illégal de la charlatanerie. Mais rassurez-vous, la résilience n'est pas une curence classique. C'est comme un lot de consolence ou, plus exactement, un chemin de guérisence. Alors, Aimée, voulez-vous bien le suivre avec moi, ce chemin ?

Il avait l'air si doux et si bon qu'on avait irrésistiblement envie de se blottir dans ses bras de bon papa et de lui raconter un traumatisme pour lui faire plaisir. J'ai accepté de saisir sa main tendue.

– Parfait ! a-t-il dit, satisfait. Commençons par la tutoyence entre nous, ma petite mère.

– Vous croyez ?

– C'est l'usence. Appelle-moi gros pépère: ça crée un climat de tendresse enfantine entre la résiliente et le résilienceur.

Il est descendu de sa chaise et s'est assis en tailleur sur le tapis de moleskine.

– Tu sais, ma petite mère, je t'ai veillée pendant ton délire et j'ai noté de nombreux épisodes de jactence

– Vraiment? balbutiai-je. Je suis désolée, gros pépère, je...

– Allons, il n'y a pas de déshonorence à ça. Au contraire. Tu as verbalisé des RMI (Remembrences Mémorielles Inconscientes). Ta maman s'appelait Berthe, c'est bien ça?

– Oui, confirmai-je. Une femme au regard froid comme Nicole Garcia, au sourire pincé comme MAM et à la voix morne comme Arlette Chabot.

– Quelle mal-partence pour toi... dit-il en hochant la tête.

Il avait l'air sincèrement désolé.

– À sa décharge, racontai-je, elle travaillait à l'URSSAF, ceci explique peut-être cela...

– Ce n'est pas à toi de l'excuser, petite mère. Il n'y avait donc pas d'aimence entre vous?

– Très peu. Pour Noël, elle m'offrait une caresse sur la joue et une barrette en métal qu'elle fabriquait elle-même avec des trombones volés à son bureau. Mais sinon, rien. Et puis, surtout...

Je m'interrompis, prise de vertiges devant l'abyme de souvenirs douloureux qui s'ouvrait brusquement devant moi.

– Oui...? Tu peux tout dire, petite mère. Tu veux des feutres et du papier pour faire une dessinence?

– Non, ça ira… Elle me vouvoyait !

– Tiens, tiens. Tu as une idée de la signifience de ce vouvoiement ?

– Je crois que oui. Je me souviens encore du jour de mon accouchement…

– C'est normal, j'ai démontré dans de nombreux ouvrages que la mémoire du bébé est très malléable et s'imprègne de tout, bien avant la naissence.

– Pendant toute la grossesse de ma mère, j'ai écouté à travers le placenta mes parents discuter et faire des projets.

– Excellant ! Quelle était la teneur de leurs discutences ?

– J'ai compris très tôt qu'ils attendaient des jumeaux. Ils espéraient ainsi bénéficier d'un abattement fiscal de deux demi-parts. À ma naissance, quand il a vu que j'étais toute seule, mon père a demandé à ma mère de forcer encore. Elle a essayé, mais rien n'est venu. Alors j'ai entendu ma mère pleurer et s'excuser auprès de mon père : « *Pardon, pardon ! Je ne t'ai fait qu'une demi-jumelle !* » Mon père s'est enfui avec le caméscope et ma mère m'a élevée comme si nous étions deux, c'est-à-dire en divisant d'autant son affection, les rations alimentaires, les soins. Et, en plus…

– Je t'écoute, Aimée. Tu peux tout verbalencer avec moi.

– Je crois qu'elle préférait ma sœur jumelle !

Arrivée à ce point de mon récit, je me suis effondrée en larmes. Boris s'est approché et m'a tendu un grand mouchoir bien repassé qui sentait bon l'eau de Cologne.

– On va s'arrêter là pour aujourd'hui, petite mère. Mouche ton nez et résous-toi à l'acceptence de cette loi universelle de l'humanité que j'ai inventée récemment : les nouveaux-nés tombent toujours du côté où penchent leurs parents. Mais au fait, sais-tu quel jour nous sommes ?

– Non, pas du tout. Je crois que j'ai perdu le fil, ces derniers temps…

– Nous sommes le trente avril, petite mère !

– Mon anniv' ?!

– Exactement ! J'ai fait un cake au Nesquik, ça te brenche ?

Jeudi 1er mai

Pour mon anniversaire, Boris m'a offert un OURS (Objet Unifient de Résilience Socialisente) en peluche. Il veut m'aider à rétablir le dialogue avec l'enfant blessé qui est en moi. Pour y parvenir, il me fait retrouver des sensations que je croyais à jamais oubliées comme taper dans la purée avec ma cuillère, utiliser du shampoing qui ne pique pas les yeux, jouer à l'ascenseur ou à dada sur mon bidet. Le plus fou, c'est que ça marche ! Par exemple, j'ai retrouvé, enfouie dans ma mémoire, la comptine que me fredonnait ma mère en me berçant du bout du pied :

« *Dors, petite conne, ou le loup va te manger*
Dors, abrutie, ou je te jette dans l'escalier
Si ton père était là, il te frapperait
Comme ton père est parti, c'est moi qui le ferai »

Vendredi 2 mai

Aujourd'hui, pendant que je reconstruisais mon MOI (Modèle Opératoire Interne) en pâte à sel, Boris prenait des notes pour un prochain bouquin. Son éditrice n'a pas l'air commode. Elle l'appelle sans arrêt pour le gronder. J'entendais gros pépère qui essayait de la calmer comme il pouvait :

– Oui Odile, c'est promis, je me creuse pour trouver un nouveau concept pour la rentrée prochaine. Tu es sûre que tu n'aimes pas « La renessence » ? Comment ? Des fiches de cuisine résiliente, tu crois ?

Après avoir raccroché, il m'a regardé en rigolant et il m'a dit : « Qu'est-ce qu'elle est chiente ! »

Samedi 3 mai

Je sens que je vais un peu mieux mais je suis toujours aussi terrorisée à l'idée de remettre les pieds hors de la maison. Boris dit que je suis comme prisonnière de mon histoire, mais qu'il doit forcément exister une sortence par le haut. Les goûters résilients qu'il me prépare à base de riz au lait et de tarte aux pommes commencent à faire leurs effets : je me remplume et je tiens presque debout toute seule.

Dimanche 4 mai

Hourra ! Cette après-midi, j'ai fait mes premiers pas dans le jardin. Je ne suis même pas tombée ! Après, j'ai fait de la balançoire et puis j'ai jeté des graviers dans le jardin d'à côté en me cachant derrière un arbre. On a rigolé comme des baleines et Boris m'a prise en photo.

– Et voilà, petite mère, tu as retrouvé la portence de toi-même. Elle n'était pas perdue, elle était en dormence et nous l'avons réveillée.

– Jamais je n'aurais pensé retrouver une telle légérence de l'être.

– Une telle quoi ?

– Une légérence... un peu comme si j'étais en micro-gravitence.

Boris a éclaté de son bon rire paternel.

– Quelles expressions touchentes ! Tu permets que je les note ? C'est trop mignon.

– Je ne vois pas ce qui vous fait rire.

– On ne dit pas « légérence », ni « microgravitence », petite mère, mais « apesentence ».

Lundi 5 mai

Après le jeu de reconstruction de LEGO (Libre Émergence du Garant Objectal), Boris a fait des crêpes et m'a interrogée sur mon enfance :

– Tu m'as dit que toutes les femmes de ta famille s'appelaient Berthe, petite mère ? Tu es dans l'affermence ?

– Ma mère, ma grand-mère et même mon arrière-grand-mère, je crois.

– Et tu n'as jamais eu ouïence d'une certaine Emma ?

– Emma ? répétai-je inexplicablement émue. Je... non... je ne vois pas. Mais...

– Mais quoi ? Réfléchis, petite mère. Tu as beaucoup répété cette prénominence pendant ton délirium trémence.

– Le soir du bal à La Vaubyessard, quand le marquis d'Andervilliers m'a accueillie, il m'a appelée...

– Emma... ? Je suis dans la devinence, n'est-ce pas ? demanda Boris.

« Emma »... Je laissai ce prénom résonner dans ma mémoire.

Boris reprit plus doucement.

– Ces robes, ces objets, ces lettres qui t'entourent. Où en as-tu fait la découvrence ?

– Dans le grenier. Une malle pleine de vieilleries...

– Connais-tu leur provenence ?

– Non. Ce sont des antiquités familiales... À vue d'œil, elles datent de la seconde moitié du XIXe siècle.

Il me fixa intensément et je vis qu'il était à la fois impatient et ému.

– Bovary, petite mère, ça te fait réminiscence ?

Soudain, le voile se déchira et tout le puzzle de mon histoire familiale se mit brusquement en place.

– Mon Dieu, c'est impossible ! m'exclamai-je. Yonville ! Charles Bovary et Emma Rouault ! Leur fille Berthe... Mon arrière-arrière-grand-mère, c'est...

– Madame Bovary, sans aucune doutence !

– Tout s'explique ! m'écriai-je. D'abord, mon prénom : ma mère m'a prénommée Aimée, on dirait l'image d'Emma dans un miroir déformant...

– Exact ! poursuivit Boris. Et souviens-toi : peu après son accouchement, Emma Bovary a fait une rejettence de ton arrière-grand-maman, la petite Berthe. Elle l'a mise en nourrice chez le menuisier de Yonville où l'enfant dormait à même le sol. Son tempérament terre-à-terre s'est transmis jusqu'à ta mère...

– Un jour, continuai-je fiévreusement, l'enfant, chancelant sur ses bottines, essaya de saisir les rubans du tablier de

Madame Bovary. « Laisse-moi donc ! » dit Emma en repoussant la petite Berthe du coude…

– Absolumant ! confirma Boris. Elle tomba au pied de la commode et s'y fit une coupence au visage. D'où les caresses sur la joue que les femmes de ta famille offrent à leurs enfants pour Noël depuis des générations.

– Je m'en souviens comme si c'était hier… confirmai-je en fermant les yeux.

– Madame Bovary se précipita pour relever la petite Berthe, mais son mari Charles, médecin de campagne, arriva. Il la rassura et alla chercher…

–… du diachylum ! lâchai-je dans un sanglot. Et Emma mourut empoisonnée à l'arsenic du pharmacien Homais ! Mais alors, tout était écrit ? Même mon suicide ? Je ne fais que répéter une histoire qui n'est pas la mienne ?

Le sol sous mes pieds était devenu aussi mou qu'un tapis d'éveil Babygros. Je vis soudain mon arrière-arrière-grand-mère, sous les traits convulsés d'Isabelle Huppert éructant dans son lit au sommet de son art. Je pensai à mon arrière-arrière-grand-père, Charles Bovary, mort de chagrin. Comme s'il avait lu dans mes pensées, Boris reprit la parole.

– Tu vois, petite mère, pour faire un bon traumatisme il faut toujours frapper deux fois. Le premier coup fait un bleu à l'âme, le second laisse une béence au cœur par où s'échappe la fraîcheur de vivre.

– C'est terrible, n'est-ce pas ?

– Rien n'est si terrible que ça tant qu'on en résilencie !

– Mais pourquoi, Boris ? Pourquoi en suis-je arrivé là ?

– Comme beaucoup de gens, tu souffres de bovarysme. C'est bien normal vu tes antécédences.

– Le nom de ma maladie vient de celui de mon arrière-arrière-grand-mère ?

– Parfaitement ! Le bovarysme est une sorte d'illusion sur soi-même, une tendance à se concevoir autre qu'on est, à prendre le réel pour de la littérature. C'est une attirence irrésistible pour les idées fausses, les sentiments imaginaires, les désirs erronés... le tout attisé par un besoin irrépressible de sensations intences. Tiens, je parie que tu es abonnée à *PsychoPlus*.

– C'est vrai, c'est affreux !

– N'exagérons rien, j'y écris aussi de temps en temps.

– J'ai failli mourir pour des fantômes du passé, réalisai-je.

– C'est vrai que ton âme aurait pu être déchiquetée par ces réactivences, mais tu vas repartir !

Il m'avait tellement réchauffé le cœur que j'eus envie de me blottir contre son pull en mohair qui sentait bon la Cajoline. Je me contentai de lui faire remarquer tristement :

– Toi aussi, tu vas repartir, n'est-ce pas, gros pépère ?

– Bien sûr. Mais pour le moment, si tu acceptes de sortir, on va aller acheter plein de bonbecs à l'épicerie de la mère Binet et fêter cette bonne séence. Je sens qu'on avence !

Mardi 6 mai

Je suis sortie dans la rue hier ! C'était la première fois depuis longtemps. Boris me tenait la main, mais le grand air du printemps m'a un peu enivrée. En rentrant, j'ai vu qu'il préparait son sac de voyage.

J'ai compris.

– Boris...

– Oui, petite mère ?

– Il y a encore quelque chose que je voudrais te demander avant ton départ.

– Je suis tout écoutence, ma poulette... Maintenant que nous avons échangé le « dit », nous pouvons aller au « para-dit ».

– Pourquoi toute mon histoire familiale m'est-elle tombée dessus quand j'ai remis les pieds en Normandie, dans cette maison familiale ?

– Tu sais, l'identité humaine est essentiellement narrative. En t'installant ici, tu t'es retrouvée dans un EPR (Environnement Propice à la Reviviscence) : Yonville, le pharmacien, le bal du marquis... De plus, ton compagnon n'était plus là pour assumer son ROLE (Resiliencing On Line Emergency).

– Michel ? Je ne pensais pas l'aimer tant que ça...

– Le vilain petit canard n'aime jamais que du bout du bec car cela le protège des grands coups d'aile qu'il a reçus dans le lac des cygnes. Michel était plus qu'un SOI (Support Opérationnel Intime) pour toi, il était aussi ton RER (Repère Emotionnel de Résilience) quotidien.

– J'ai chassé Michel... Tout est perdu, alors ?

– Pas du tout ! Il n'y a que dans les téléfilms français que tout est prévisible et convenu d'avance. Dans le réel, chaque nouvelle rencontre peut être facteur de résilience. Regarde nous deux !

– Mais tu t'en vas...

– Je le dois. Il y a encore tellement de pensements à poser sur l'impansable.

– Tu me laisses dans le désert...

– Ce qui embellit le désert, c'est qu'il cache un puits quelque part, disait Saint-Ex, un héros de la résilience. Aussi, ne sois pas dans la tristence, petite Aimée, je t'envoie quelqu'un qui va t'aider à guérir lentement.

– Qui est-ce ?

– Tu le reconnaîtras, j'en suis certain. Il va juste falloir que tu sois un peu attendente car il est très occupé.

Quand il a eu fini de ranger ses affaires, il s'est retourné vers moi et il a séché du pouce une grosse larme qui coulait le long de ma joue.

– Tu sais, je crois beaucoup au pouvoir des chansons. J'en recopie toujours une ou deux dans mes livres. Odile râle parce que ça fait pas sérieux, mais ce n'est pas grave. Je vais te laisser en souvenir une petite ballade que j'ai commandée à Anne Sylvestre. Quand tu seras triste et que tu penseras au vicomte qui t'a abandonnée, tu la chantonnenceras. Ça t'aidera sûrement à trouver la pleurence libératrice…

Il m'a pris la main et il s'est mis à fredonner dans le crépuscule :

Comme le vilain petit canard
Tu t'sens toute moche et t'en as marre,
De ton mari, ce gros blaireau,
Qui n'a jamais volé très haut.
Oublie la forclusion d'ton père,
Et les introjections d'ta mère,
Coupe le cordon, sois pas docile,
Résilencie, c'est si facile !

Refrain
La la la, la la lé
Car tu peux tout recommencer
La la la, la la lé
Fais-toi un cygne, tu vas voler

Mercredi 7 mai

Boris est parti et je réapprends la vie dans la solitude. Les goûters dans les arbres n'ont plus le même goût sans lui. Où est-il ? De qui s'occupe-t-il ? Quand je suis trop nostalgique, je chantonne sa chanson, comme il me l'a demandé. Le reste du temps, je reprends des forces au soleil, bien cachée au fond du jardin.

J'ai rangé le grenier et j'ai presque oublié le vicomte. Mon bovarysme ne me fait plus souffrir.

Je repense parfois à la promesse de Boris de m'envoyer un ami pour m'aider à guérir complètement. De temps en temps, je me mets à la fenêtre de ma chambre et, de là-haut, je surveille la route en repensant à mes résolutions de début d'année : tout changer !

Un temps pour se faire prendre par Éros & Dionysos...

(dans la limite des orifices disponibles)

Dimanche 11 mai

Voilà quelques jours que ma libido reprend du poil de la bête. Je me demande si ce n'est pas le dernier numéro de *PsychoPlus* qui m'a émoustillée. Il y a un dossier spécial intitulé « Sexe : Se faire prendre par Éros et Dionysos ». Des philosophes, des écrivains et des sexologues expliquent que le plaisir physique, libéré de ses entraves culturelles, hygiénistes, biologiques, morales, politiques, esthétiques, économiques et religieuses, est un puissant facteur d'épanouissement et même de rajeunissement. Un philosophe indépendant, fondateur de l'auto-école hédoniste de Caen, explique même qu'un « *désir résolu dans un plaisir réalisé, procure un corps radieux.* » J'en aurais bien besoin parce que, côté ligne, je m'avachis un peu.

Mais j'ai surtout été frappée par le témoignage de Catherine Maillet. Après ses fameux bouquins : *La vie sexuelle de Catherine au parking* et *Catherine M. à la plage*, elle sort la suite de ses confessions : *L'art de jouir au Super U.* C'est un recueil de chroniques sauvages sur les aventures d'une bourgeoise parisienne, passionnée d'art moderne et de sexe, qui s'installe en province. Elle démontre que si on se lâche vraiment dans sa tête, tout devient sexuel donc jouissif donc nietzschéen. Comme faire son potager avec des pinces à seins, aller à la brocante sans mettre de culotte ou même faire l'amour avec son vieux mari flaccide.

En lisant ce dossier, je réalise soudain que j'ai cherché la clé du changement dans mon cerveau au lieu de chevaucher à cru mes désirs animaux et de les suivre au plus profond de mon corps. Et si c'était par l'extase charnelle que pouvaient enfin commencer la libération et le bonheur dionysiaques pour moi ?

J'ai mis un foulard et des lunettes noires et je suis allée commander le bouquin de Catherine à la maison de la presse du père Pauchard. Je ne portais rien sous ma robe à fleurs… c'était hyper excitant.

Lundi 12 mai

J'ai récupéré discrètement mon exemplaire de *L'art de jouir…* Le père Pauchard avait dû le feuilleter avant mon arrivée parce qu'il m'a dévisagée en rosissant tandis que sa femme me jetait un regard glacial. J'ai commencé immédiatement ma lecture. L'idée principale, c'est qu'il faut jouir le plus souvent possible, mobiliser tous les orifices dont la Nature nous a pourvus, et surtout bien faire le distinguo entre les sentiments amoureux, toujours entachés de judéo-christianisme malsain, et la jouissance bacchanale, qui est pur plaisir vital.

Ça donne vraiment envie d'essayer. Reste à trouver des partenaires qui sachent me procurer les orgasmes libérateurs.

En fin d'ouvrage, Catherine donne ses bonnes adresses partout en France. J'ai vu qu'elle signale une aire de repos pour routiers sur la nationale entre Rouen et Yonville. J'irai demain. À moi la bonne b... libératrice. (Je suis pathétique! Mon désir animal est tellement refoulé que je n'arrive même pas à écrire le mot «b...» en entier. Pour un peu, j'aurais écrit «...»)

Mercredi 14 mai

J'y suis allée hier soir... J'avais lu les conseils de *Psycho* qui explique que le plaisir charnel est avant tout une question de mise en scène. J'ai suivi à la lettre toutes leurs indications : talons hauts pour galber la cheville et annoncer «*le vertige de la cuisse*», jupe courte en cuir pour bien mouler mon «*visage de derrière*», petit haut en coton éthique, à la fois «*ingénue et libertine*». Lunettes noires, évidemment, pour le côté dominatrice et fatale. Catherine M. aurait été fière de moi.

Quand je suis arrivée sur l'aire de repos, il y avait déjà cinq camions et une quinzaine de voitures. Je me suis sentie rosir de l'intérieur. Le souffle court, un peu chancelante, j'ai frappé à la porte du premier semi-remorque. J'ai entendu les râles rauques d'un homme au bord de l'explosion. Après quelques secondes, un type à grosses moustaches, en tricot de peau mouillé de sueur, s'est penché à la fenêtre de sa cabine. Ce n'était pas du tout mon genre de mec mais Catherine dit que c'est encore mieux quand le type est répugnant. Il m'a regardée de haut en bas. Il avait l'air d'être excédé par un désir bestial.

– C'est pour la partouze ? m'a-t-il demandé.

J'ai senti une douce chaleur irradier mon intimité frémissante. Je devenais soudain étoile de mer dans l'eau bouillante, feu à la savane, coquillage aux mille saveurs.

– Prends-moi vite, suis-je parvenue à répondre malgré l'excitation qui m'avait saisie brutalement.

– Et pis quoi, encore ? Depuis que l'autre cinglée a mis cette aire de repos dans son bouquin, on peut plus dormir, ici ! Y a tous les bourges du coin qui défilent toute la nuit !

– Mais alors… mes orifices qui…

– Essayez le camion du Polonais, le dernier à droite. Je crois qu'il tire sa crampe en compagnie, dans sa remorque. Mais en silence, hein ! Sinon j'appelle mes potes à la CB et on lui pète son pare-brise !

Vaguement soulagée de ne pas avoir eu affaire au moustachu, je me suis dirigée vers l'arrière du semi-remorque polonais. Cette fois, j'en étais certaine, c'étaient bien des gémissements étouffés que j'entendais derrière la cloison de métal. Je cognai à la porte d'un air décidé. Une femme en déshabillé de soie japonisant entrouvrit l'un des battants. Malgré ses lunettes noires et ses talons hauts, je reconnus immédiatement la femme du notaire de Yonville. Je sentis qu'elle aussi me reconnaissait, mais nous décidâmes tacitement de jouer le jeu de la fausse identité, propice à tous les caprices du désir.

– Vous venez pour qui ? me demanda-t-elle d'un air soupçonneux. Le Polonais, le sous-préfet, mon mari… ?

– Les trois… entre autres.

– Vous avez réservé ?

– Je… je ne savais pas que c'était sur réservation…

– C'est préférable. Vous auriez aimé quoi ?

– Jouissance nietzschéenne, exultation charnelle, *sex no limit*, dérèglement des sens, orgie dionysiaque, corps radieux…

– C'est vague… Je vous préviens, ils sont plutôt du genre classique. Vous avez un martinet ou vous voulez en louer un ?

– Non, je… Je peux entrer ?

– Allez-y, mais il va falloir attendre votre tour. Mon mari est occupé avec la pharmacienne, le sous-préfet est pendu par les pieds et le Polonais récupère.

Je pénétrais lentement dans le ventre moite de la remorque, respirant à pleines narines les odeurs d'humus, de terre mouillée après l'orage, de fromage corse. Des cris étouffés s'élevaient à intervalles réguliers. Une femme gémit dans le noir :

– Quel est l'abruti qui s'agrippe à mon bustier de geisha brodé ? C'est un Aubade à 250 euros !

– Ça doit être le Polonais, répondit une autre libertine déchaînée. La dernière fois, il m'a déchiré un caraco Etam en dentelles.

Je songeais à Catherine M. Qu'aurait-elle fait à ma place ? Elle aurait sûrement décroché le sous-préfet et se serait donnée à lui sans réfléchir. Quand le désir est assez fort, même les barrières de la République s'écroulent.

– C'est à qui le tour ? demanda quelqu'un dans l'obscurité.

– À moi ! répondirent simultanément plusieurs participantes.

– Ah non ! c'est à moi, cette fois. Ça fait une heure que je poireaute pour la tournante, protesta une femme.

– Moins fort ! ordonna la femme du notaire. Vous tenez à voir débarquer les camionneurs ?

– Ça serait pas de refus, un peu de renfort, dit une voix masculine qui me sembla familière. C'est des vrais mecs, eux !

– Qu'est-ce que ça veut dire ? demanda le notaire.

– Ça veut dire, répondit la voix familière, qu'à part moi et le Polonais, les hommes n'assurent pas des masses là-dedans. Résultat : mon épouse s'ennuie !

– Si elle n'est pas contente, elle a qu'à aller sur Meetic, répondit le notaire.

– Toi, le vieux mou, au lieu de donner des conseils à ma femme, tu ferais mieux de remettre ton collier à boules dans la bouche et de la fermer ! Je me suis jamais autant ennuyé pendant une tournante.

Tout à coup, mon sang se glaça. J'avais reconnu la voix : Homais !

Je suis descendue en hâte du camion et je suis rentrée chez moi, la libido à zéro, en me disant que j'aurais volontiers échangé toutes les extases du monde contre un petit quart d'heure dans les bras de Michel. Je dois être irrémédiablement coincée du « c… ».

Un temps pour guérir sans être malade

(grâce à Ange Schreiban-Server et ses Oméga 3)

Vendredi 16 mai

J'étais assoupie sur la balancelle au fond du verger lorsqu'une voix, profonde et harmonieuse, m'a tirée de ma rêverie.

– Excusez-moi, vous êtes bien Aimée Rouault-Bovary, n'est-ce pas ?

Une seule personne au monde connaissant mon incroyable secret, j'ouvris aussitôt les yeux.

– Boris ?!

J'avais le soleil en face et je ne vis d'abord qu'une silhouette élancée à contre-jour.

– C'est lui qui m'envoie. Mais restez calme et n'accélérez surtout pas votre rythme cardiaque.

Mes yeux s'habituant peu à peu à l'intense lumière de l'après-midi, je commençai à voir apparaître un beau visage, aux traits familiers.

– Je... je vous connais, n'est-ce pas ? demandai-je.

– C'est bien possible, si j'en crois vos lectures, dit-il en regardant la pile de *PsychoPlus* au pied de ma chaise longue.

Il me dévisageait de ses immenses yeux bleus, un peu lointains, comme s'il me regardait de l'autre côté de l'Atlantique.

– Qui êtes-vous, monsieur… ?

– Ange Schreiban-Server, le neveu de 4S. Mais pour l'amour du Ciel ne m'appelez pas ASS, j'ai trop souffert de ce surnom ridicule pendant mes études aux États-Unis.

Je me sentis fondre instantanément.

– Je vous attendais, Ange.

– Boris m'a parlé de vous. Comme rien de ce qui est humain et publiable ne m'est étranger, j'ai pensé que…

– Je comprends. Et je sais maintenant d'où je vous connais : vos chroniques dans *PsychoPlus*.

– Si vous me lisez, vous savez donc que je suis psychiatrologiste cervologue cognitivo-alternatif, diplômé du Kentucky Fried Chicken Institute of Neurology.

– Bien sûr. Mais comment êtes-vous arrivé jusqu'à moi ?

– Par les airs.

– Vous avez découvert comment voler ? Je parie que c'est par la force de la pensée !

– Le vol AF 706, il est direct de Boston.

– Pourquoi m'avoir choisie, moi ? demandai-je, secrètement flattée.

– Je prépare un livre sur le bovarysme contemporain et sur les moyens de le traiter par l'alimentation, les mouvements oculaires, la pensée positive… D'après 4S, le lectorat potentiel est immense. Votre cas est si singulier que j'ai décidé de venir moi-même vous trouver. Je ne le fais que très rarement, mais Boris m'a assuré que cela en valait la peine.

– Ah, Boris! soupirai-je. Il me manque, mon papounet chéri. J'ai tellement appris avec lui.

– Il a un certain capital synaptique, c'est évident. Il n'y a qu'à voir la taille de sa boîte crânienne. Dommage qu'il refuse de simplifier un peu sa pensée pour le grand public… Enfin, si ses neurones du plaisir se satisfont de ça, tant mieux pour lui! Mais, à mon avis, il est sévèrement carencé en endorphine…

– Puis-je vous offrir un fruit non traité? proposai-je pour changer de sujet.

–Vous auriez un kaki biodynamique?

– Non, je ne pense pas. Désolée…

– Dans ce cas, je me contenterai de sucer un hareng avec un verre de lait de yack. J'en ai toujours sur moi quand je voyage.

Tandis qu'il se restaurait en mastiquant lentement sa collation, je réalisais peu à peu l'incroyable privilège que j'avais de recevoir A2S chez moi. Il était encore plus beau et impressionnant que sur les couvertures de ses livres. Quand il eut tout avalé et finit de mastiquer, il rouvrit ses grands yeux paisibles.

– Comment comptez-vous procéder avec moi? demandai-je, intimidée.

– Nous nous rencontrerons plusieurs fois par jour et je résumerai nos entretiens dans mon prochain livre sous forme de cas clinique.

– Et du point de vue thérapeutique? Vous allez m'aider?

– Je vous dirai tout ce que je sais sur les nouveautés pour guérir sans être malade. Tenez, savez-vous pourquoi je vous ai demandé un kaki tout à l'heure?

– Pour les anti-oxydants ?

– Pas du tout. À cause d'une expérience cognitive que j'ai menée avec mes étudiants de Pittsburgh. Je les ai répartis en deux groupes que j'ai enfermés, pieds nus, dans deux locaux exigus. Le groupe témoin recevait, de façon aléatoire, des décharges électriques par le sol. Le groupe test, en revanche, recevait des kakis *avant* chaque décharge. Au bout de deux jours, j'ai remarqué que le groupe qui recevait les kakis se préparait à recevoir ensuite une décharge électrique et sautait en l'air. Alors que le groupe sans kakis ne les anticipait pas du tout. J'ai ainsi pu démontrer scientifiquement ce que les chamans savent depuis la nuit des temps : le kaki contient une substance qui permet de prédire le futur. Il s'agit d'un dérivé moléculaire de ségafredo-papagallotine-3-aminosulfato-étasseurine qui agit comme une clé moléculaire en ouvrant les récepteurs synaptiques de l'hypopothalamus, qui est le siège du 6e sens.

– Prodigieux ! m'exclamai-je. Je vais tout de suite demander au Shoppy du village de commander des kakis.

– Surtout, prenez-les biodynamiques, les effets sont encore plus forts. Maintenant, si vous le permettez, je vais m'isoler pour ruminer mon repas.

Dimanche 18 mai

Je suis en train de vivre des instants tellement extraordinaires que j'en néglige un peu mon journal. Il faut dire que mes journées sont bien remplies. Tous les matins, Ange m'interroge longuement sur ma vie, ma famille, mon alimentation, mes couleurs préférées, mes relations avec Michel… Il est extraordinairement lent et il reste silencieux de longs moments entre les questions, mais il note tout. Après le repas, nous allons ruminer chacun dans notre chambre et, l'après-midi, il me parle de ses nouvelles thérapies alternatives. Je suis extrêmement fière et heureuse de pouvoir faire ainsi progresser la recherche. Ange me demande d'ailleurs la plus grande discrétion à ce sujet.

– Le monde n'est pas prêt, me répète-t-il souvent. Vous ai-je déjà parlé de mon ami indo-américain Curcuma Kczsikstzntmihlyi[1] ?

– Je ne crois pas, Ange.

– Kczsikstzntmihlyi était l'un des plus grands neurologue-hypnotiseurs de Las Vegas. Après une tournée mondiale avec le Cirque du Soleil, il décida de consacrer sa vie à ses recherches contre le vieillissement cérébral. Dans les années 90, Kczsikstzntmihlyi mit au point une petite machine électronique permettant de muscler son cerveau à l'aide de Sudokus, exercices de logiques, mots fléchés… Quand il présenta ses travaux au XXIIIe congrès mondial de Neurologie, il se fit expulser des débats ! Résolu à prouver qu'il avait raison, il fut contraint de tester sur lui-même son invention.

– Et alors ?

– Alors, soupira Ange, il mourut presque fou mais avec un âge cérébral de sept ans. Naturellement, aujourd'hui, tout le monde s'est mis aux exercices de rajeunissement neuronal sur consoles Nintendo DS…

– Quelle ingratitude !

1. Prononcer « Smith ».

– Allons, il ne faut jamais nourrir de ressentiment envers les connards qui se moquent de nous. Quand j'ai démontré qu'on pouvait réduire la durée de la cure psychanalytique de huit ans (en moyenne) à dix-neuf minutes (temps constaté par huissier), que croyez-vous qu'ils ont dit ?

– Que c'était formidable ?

– Vous êtes bien naïve, Aimée. Ils m'ont reproché d'avoir limité mes expériences aux rats…

– Quelle mauvaise foi ! Mais comment aviez-vous obtenu des résultats aussi incroyables ?

– Par les Mouvements Oculaires Circulaires. Demain, rappelez-moi de vous raconter ce cas clinique passionnant.

Mardi 20 mai

C'est devenu une douce habitude entre nous. Quand nous avons fini de travailler, Ange prépare lentement un thé vert de Chine et il me raconte les cas de guérisons miraculeuses qu'il n'a pu mentionner dans ses livres à cause des archaïsmes de la communauté scientifique.

– Comme je vous l'ai promis, je vais vous raconter l'histoire de Ron et de sa guérison par les yeux. Ron est un jeune gars à qui tout semble réussir. Il produit des sitcoms à succès pour NBC et sa femme est championne de tennis. C'est elle qui pousse Ron à venir me trouver dans ma clinique de Santa Barbara. À peine le jeune homme a-t-il mis les pieds dans mon bureau, que je ressens une légère palpitation au niveau de mon amygdale du bulbe médullaire, siège de l'intuition en neurochirurgie tibétaine. Ron se plaint de crises de larmes à répétition qui le saisissent à l'improviste, sans raisons apparentes, et l'handicapent dans sa carrière. Avant de venir me trouver, il a déjà consulté tous les ringards conventionnés de la médecine occidentale. Évidemment, leurs petites pilules n'ont eu aucun effet sur les larmes de Ron. Je suis perplexe. Pour meubler un peu, je vérifie sa vue et lui demande de déchiffrer des lettres sur un tableau. Ron s'exécute mais, au cours de l'exercice, de grosses larmes se mettent à couler sur ses joues hâlées…

– Mon Dieu, m'écriai-je bouleversée, je ne pourrais jamais faire un métier comme le vôtre !

– Je décide alors de tenter l'expérience des MOC (Mouvements Oculaires Circulaires). J'ai eu l'idée de cette technique en regardant un épisode de la saison 3 de Cosmos 99. Je lui pose des électrodes sur les sourcils et je lui demande de rouler de grands yeux en verbalisant librement toutes les images qui lui passent par la tête. Dans son récit, je m'aperçois qu'il est énormément question de sa voiture, une Testa Rossa 88 GTR décapotable. Conditionné par des années de freudisme européen, je pense d'emblée au substitut automobile du pénis et au déplacement du symptôme au niveau des yeux crevés, évidemment œdipien. Mais je sais que Ron est pressé et qu'il refusera de s'allonger pendant des années sur un divan. Que dois-je faire ? Je lui demande alors s'il porte des lunettes de soleil lorsqu'il conduit sa Ferrari. Il m'avoue que non. Je lui diagnostique une conjonctivite chronique et lui prescris des gouttes. La séance a pris dix-neuf minutes au lieu de dix ans...

Ange est un être merveilleux, aimable, doux et d'une infinie lenteur. Je sens qu'il me fait un bien fou.

Jeudi 22 mai

J'ai l'impression qu'A2S se sent bien chez moi. Il travaille infiniment lentement à son prochain ouvrage. Je l'entends aussi qui fait des consultations par téléphone. De temps en temps, il me confie un précieux conseil de vie. Aujourd'hui, il m'a suggéré d'utiliser un simulateur de crépuscule en remplacement de ma lampe de chevet. C'est un dispositif lumineux qui donne l'impression que le soleil se couche sur le Pacifique au pied de votre lit. De cette façon, le cerveau « comprend » qu'il va faire nuit. Il se met alors automatiquement en mode veilleuse parasympathique, ce qui permet de faire baisser la consommation cérébrale en acide gras et protéines (des composés très précieux que le corps ne synthétise pas). Sur une année, la mise en veille parasympathique équivaut à une économie de 350 kilos de cabillaud et 780 kg de tofu.

Dimanche 25 mai

Incroyable dialogue avec Ange, ce matin.

Je rentrai du marché lorsque je l'ai aperçu en train d'avaler quelque chose en cachette. Un peu embarrassée de l'avoir surpris, je lui ai demandé si tout allait bien.

– À votre avis ? J'ai l'air d'aller bien ? grimaça-t-il en titubant un peu.

Son regard bleu lagon avait viré au gris Armani.

– C'est vrai que vous semblez contrarié…

– Je suis en manque…

– En manque ?

– Carences diverses en oligo-éléments… Ça m'arrive à chaque fois que je rentre en France. On ne mange pas assez d'agaves et de pépins de raisin, ici. Les radicaux libres en profitent pour m'attaquer de partout.

– Vous avez pourtant l'air en pleine forme, Ange.

– Ah oui ? Quel âge me donnez-vous ?

Je profitai de son étrange question pour le dévisager longuement. À cet instant, je compris que j'étais en train de tomber amoureuse.

– Je dirais dans les 37, 38 ans (en réalité, je pensai plutôt 41, 42 ans).

Il me dévisagea à son tour avec un sourire las.

– J'en ai 97, Aimée…

Sous l'effet de la surprise, je reculai jusqu'au lave-vaisselle.

– C'est… impossible !

– Rien n'est impossible si l'on sait ralentir les ravages du temps au niveau micro cellulaire. En Californie, il y a des vieillards de 140 ans qui en font à peine 110.

– C'est hor… je veux dire, c'est à peine croyable. Que font-ils de tout ce temps supplémentaire qui leur est accordé ? Ils lisent, ils vont au ciné ?

– Surtout pas, les émotions épuisent le système nerveux central. Ils attendent devant l'océan.

– Ils ne s'ennuient pas ?

– Bonne question, Aimée. Il y a encore quelques années, beaucoup de vieux se jetaient dans les vagues pour en finir avec leur insupportable désœuvrement. Mais, depuis qu'on leur donne des acides, tout est rentré dans l'ordre.

– Vous les avez mis sous acide ?

– Sous acides gras, évidemment.

Il me tendit une petite gélule, dorée et translucide, qui luisait au creux de sa main.

– Tenez, prenez ça avec un peu d'eau.

– Qu'est-ce que c'est ?

– Une dose d'Oméga 3. C'est de la bonne, croyez-moi : 500 mg par gélule, 95% de principe actif et minimum 75% d'EPA.

– Ce n'est pas dangereux ?

– Pas du tout. C'est à base d'huile de poisson sauvage. Ça va vous remonter le moral.

– C'est ça que je vous ai vu prendre tout à l'heure ?

– Comment croyez-vous que je tiens ? Je passe ma vie à tout mesurer, à tout compter, à tout peser. Jamais un gros mot, jamais un sentiment plus haut que l'autre, jamais une crêpe au Nutella. Sans les Oméga 3 pour m'égaliser l'humeur, il y a longtemps que j'aurais mis une bombe à Palm Springs pour faire disparaître tous ces zombies botoxés qui refusent de vieillir !

C'était la première fois que je voyais Ange s'énerver. J'hésitais entre l'horreur et la compassion. Comment un être de lumière, écrivant dans *PsychoPlus* pouvait-il cacher tant de tumultueuses pensées ?

Mais les Oméga 3 devaient commencer à faire de l'effet car ce fut finalement la tendresse qui l'emporta.

– Je comprends, Ange. Vous travaillez beaucoup trop. Allez vous reposer dans votre chambre. Ensuite, nous regarderons « Des chiffres et des Lettres » et « Questions pour un Champion », cela vous détendra un peu.

– Vous croyez ? me demanda-t-il comme un enfant qui n'ose croire qu'il a la permission de sortir jouer sous la neige.

– Si je vous le dis…

– Vous avez raison, tant pis si ça m'échauffe le cortex paléo frontal.

Mercredi 28 mai

Irremplaçable Betsy ! Je ne l'ai peut-être pas assez dit dans ces pages mais, depuis mon licenciement et ma rupture avec Michel, elle n'a jamais cessé de m'écrire très régulièrement. Chaque semaine, elle prend de mes nouvelles, me communique mon numéroscope, me raconte les épisodes de la vie chez G&G&G (Spencer Cheddar a fait virer Godinard) et elle insiste pour avoir des réponses à ses lettres.

C'est un peu grâce à elle que j'ai résiliencé et que je suis encore en vie.

Aujourd'hui, par gratitude, je lui ai écrit une longue missive où je lui raconte en détails tout ce qui s'est passé depuis ma résurrection avec Boris. J'y ai joint une photo dédicacée d'Ange. Ça devrait la bluffer !

Côté santé, je me sens de mieux en mieux dans mon corps, donc dans ma tête, goûtant plus que jamais ce si beau printemps. La vie me semble enfin possible ! Encore un effet des Oméga 3 ?

Jeudi 29 mai

Pendant qu'Ange travaille, je suis le programme de remise en forme (cycling, walking, …) qu'il m'a conseillé. Ange m'a expliqué que dois accomplir toutes les tâches ménagères (shopping, washing, ironing…) comme si j'en faisais don à l'Univers afin que mon électrocardiogramme forme d'harmonieuses collines toscanes.

J'ignorais à quel point le mental et le physique sont inextricablement interdépendants. À ce sujet, il m'a raconté un cas incroyablement parlant.

– Dash est le patron d'un hedge fund au NYSE à qui tout semble réussir. Un jour, il sent une douleur fulgurante lui paralyser la mâchoire en plein conseil d'administration. Transporté aux urgences, Dash apprend qu'il souffre de crises d'anxiété. Quand il surgit dans mon cabinet, Dash est nerveux, fume cigare sur cigare, tripote ma secrétaire et menace de racheter ma clinique si je ne parviens pas à le guérir. Comme je suis en pleine étude sur les placebos, je décide de lui prescrire deux pastilles de plâtre à prendre le matin à jeun et je lui conseille de se mettre au squash. Deux semaines plus tard, Dash revient me voir avec un grand sourire et un énorme chèque. Non seulement il n'a plus mal nulle part, mais il dort mieux, travaille mieux et a vaincu son éjaculation précoce. Je me garde bien de lui dire que mon traitement n'était qu'un placebo et que c'est le squash qui l'a guéri. Mais je publie aussitôt une étude qui le démontre sur des lapins.

– Étonnant ! Le sport peut donc aider l'esprit ?

– Bien sûr ! J'ai d'ailleurs formalisé tout cela scientifiquement et j'ai baptisé mon approche le « Total Body Power », tu l'as peut-être déjà vu en démo au Télé-Achat. Fais-moi penser à t'envoyer la plaquette, tu n'auras qu'à choisir les appareils en fonction des muscles que tu veux rendre heureux.

Lundi 2 juin

Ange a définitivement retrouvé son humeur égale et cordiale. Il a fini de m'interroger et je crois qu'il commence à mettre lentement ses notes au propre. Après le repas de ce soir (nous dînons vers 17 heures pour pouvoir nous coucher à 19 heures), il m'a raconté un autre cas de guérison spectaculaire.

– Sherry est une jeune femme de L.A. à qui tout semble réussir. Plusieurs fois nominée aux oscars, elle forme une famille unie avec son mari, sénateur démocrate respecté, et leurs deux enfants obèses. Pourtant, Sherry se plaint d'un sentiment diffus d'oppression respiratoire. Évidemment, tous les examens n'ont rien donné et, quand elle arrive dans mon cabinet, elle est littéralement au bout du rouleau. Que faire ?

– Écouter ce que son corps veut dire !

– C'est ce que je fais en lui demandant de noter soigneusement tout ce qu'elle mange. Une semaine plus tard, j'ai sous les yeux le détail de chacun de ses repas. Au premier coup d'œil je remarque que les chips, purée, gratin dauphinois… sont anormalement nombreux. Mais quel lien établir avec les oppressions de Sherry ? Le hasard va m'aider. Un soir que je dîne avec Richard Gere…

–Vous connaissez Richard Gere ?

– C'est un de mes plus vieux clients. Je l'ai guéri de sa peur panique des poils grâce aux Mouvements Oculaires. Richard, donc, me raconte son séjour à Dharamsala, siège du gouvernement en exil du dalaï-lama, et sa découverte de la cuisine tibétaine traditionnelle. Il m'explique que ce qui l'a le plus frappé dans le régime des moines, c'est l'absence totale de frites au petit déjeuner. Les moines-cuisiniers tibétains ont d'ailleurs coutume de dire que manger une pomme de terre revient à ingérer les six afflictions racines d'un coup. Je fais aussitôt le rapprochement avec notre vieille expression française : « *En avoir gros sur la patate* ». Le lendemain, j'appelle Sherry et je lui demande de supprimer immédiatement tous les féculents de son alimentation. Une semaine plus tard, complètement libérée de ses suffocations, elle gagne un Emmy Award à Hollywood…

– Fascinant… Moi aussi, je vais supprimer tous ces aliments qui m'alourdissent le corps et l'esprit.

– C'est une sage décision. Mais attention, ne fais pas comme ces journalistes qui caricaturent mes découvertes : je n'ai jamais dit que tu allais gagner un Emmy.

Mercredi 4 juin

Ce matin, à l'aube, j'ai surpris Ange en pleine méditation. Quand il m'a entendu approcher, il a entrouvert les yeux. Son regard bleu semblait encore tout entier plongé dans sa contemplation méditative.

– Excusez-moi. Je vous ai dérangé… me suis-je aussitôt excusée.

– Le tumulte des flots indiffère le galet qui roule, m'a-t-il répondu d'une voix fluide que je ne lui connaissais pas encore.

– Pendant que vous terminez, voulez-vous que j'aille faire un peu de cooking pour le petit déjeuner ?

– L'aveugle demande-t-il l'heure au sourd qui n'a pas sa montre ?

– Je ne suis plus aussi aveugle que ça, vous savez. Je me sens mieux que normale.

– La connaissance de soi permet de se tutoyer soi-même…

– C'est exactement ça ! J'ai parfois l'impression que vous êtes un envoyé du Ciel.

– Pas du tout, j'ai simplement découvert les sept voies de la santé qui mènent à l'équilibre du Chi et des comptes de la sécu. Asseyez-vous et méditez un peu avec moi pour activer votre circulation veineuse.

– Je ne sais pas si…

– Faites ce que je vous dis, méditez. Tout doit disparaître. N'ouvrez la bouche que si le silence vous le demande et n'ayez pas peur du néant, il est vide.

Je me suis appuyée contre le tronc du tilleul et j'ai rêvassé un peu en attendant qu'il ait fini. Au bout de quelques minutes, il a ouvert les yeux et il m'a demandé :

– Où en étions-nous ?

– Au vide…

– Très juste. Cela m'évoque un cas de guérison spectaculaire grâce aux Oméga 3. Lova est une jeune *executive woman* de Chicago à qui tout semble réussir. Elle travaille dans le marketing et partage sa vie avec son compagnon, Mike, qui est ingénieur en computers. Un jour, Lova feuillette un magazine et découvre un dossier : « *Be yourself but better* ». Elle sent aussitôt que c'est exactement de cela qu'elle a besoin. Faire du neuf. Mais comment ? En qui et en quoi se transformer ? Sur ces entrefaites, Lova est licenciée et quitte Mike pour se consacrer à la littérature. Elle se réfugie alors dans sa maison du Wyoming et…

– Attendez. Cette Lova, ce Mike… c'est Michel et moi ! C'est mon histoire que vous êtes en train de raconter !

Il sembla revenir brusquement à lui et son visage s'empourpra.

– Qu'est-ce que vous allez imaginer ? bafouilla-t-il. Vous ne vous appelez pas Lova.

– Presque…

– De toute façon, vous m'avez signé une décharge, dit-il en se relevant. Et mon séjour touche à sa fin. Je suis épuisé par tout ce travail, ce qui explique sans doute ma légère confusion.

– Vous m'abandonnez donc, vous aussi ? demandai-je effondrée.

– Allons, pas d'émotions fortes, pensez à votre encéphalogramme. C'est ainsi, je dois partir. Tous les 20 000 kilomètres, je me fais réviser le Chi à Palo Alto. Je vous enverrai des places si je repasse à la Mutu pour mon prochain bouquin. Et je vous laisse une boîte entière d'Oméga 3.

– C'est tout ?

– Méfiez-vous des états de déception : ils favorisent la production de transaminases et brouillent le teint. Si vraiment vous avez encore besoin d'aide, appelez ce confrère. Il est un peu « vieille Europe » mais il m'envoie des patients et il faut bien que je lui témoigne un peu de gratitude en retour, c'est excellent pour le foie.

Vendredi 6 juin

Deux jours qu'Ange est parti. Je continue à suivre scrupuleusement ses préceptes de vie et je vais indubitablement beaucoup mieux. Je suis devenue plus svelte, j'ai pris un léger hâle (23 minutes quotidiennes de soleil pour synthétiser la vitamine A), des cheveux brillants, des ongles solides, le ventre plat et la démarche féline d'une pub Oenobiol. Mais je ne sais pas trop quoi faire de toute cette bonne santé. J'ai l'impression qu'un noyau solide, au plus profond de moi, résiste encore à l'action purificatrice, équilibrante et reconstituante des Oméga 3 et du sélénium.

Dimanche 8 juin

Tout à l'heure, en pleine méditation, alors que j'avais presque atteint le vide parfait, j'ai soudain repensé à Michel. J'ai essayé de repousser son image dans les profondeurs de l'impermanence, comme me l'a appris Ange, mais impossible. Pour me libérer de sa présence, j'ai ensuite tenté de faire la liste de tous ses défauts : début d'embonpoint, humour d'ingénieur, passion du foot… mais ça n'a pas suffit à le faire sortir de mon esprit.

Je suis revenue à moi, amère et désemparée, avec une certitude : si notre histoire s'est mal terminée, c'est parce que je n'étais pas à la hauteur d'un garçon aussi bien que lui. Après tout, est-ce que je mérite l'affection, la sympathie, l'amour des autres ? Quand me suis-je sentie fière de moi, satisfaite et heureuse pour la dernière fois ?

J'ai préféré laisser tomber toutes ces questions. La réponse pourrait être trop cruelle.

Avant d'aller me coucher, j'ai avalé toute la boîte d'Oméga 3. Si avec ça je ne retrouve pas le moral, je laisse tomber la recherche du bonheur.

Lundi 9 juin

Overdose d'Oméga 3 et nuit affreuse. J'ai d'abord eu de pénibles renvois d'huile de poisson, ensuite un lancinant mal de mer et enfin, quand j'ai réussi à m'assoupir, j'ai coulé à pic dans un atroce cauchemar.

J'étais en couple avec Ange. Ridés, bossus, pâles, tremblotants, le cheveu rare… nous étions tous les deux à Venice Beach, assis dans un transat sur la plage. Sous notre plaid, nous nous tenions la main en regardant des gens sans âge, au sourire figé, passer à rollers. Derrière nous, sur un mur peint, quelqu'un avait taggé : « *History is a myth* ».

– Ange, lui disais-je, et si on mourait pour changer un peu ?

– Tu ne vas pas recommencer avec ça ! s'énervait-il lentement. Je t'ai déjà dit, il y a cinq ans, que l'on pouvait tenir encore une bonne vingtaine d'années.

– Mais pour quoi faire, Ange ?

– Pour niquer sa face à la mort et en faire un livre.

Je me suis réveillée en sursaut et je suis descendue dans la cuisine. J'ai allumé une cigarette, bu un whisky et décongelé des frites.

Un temps pour regagner l'estime de son soi…

(s'il a une basse estime de vous)

Mardi 10 juin

J'ai passé la journée à ressasser tout ce qui ne va pas chez moi. J'ai réalisé que mon problème, c'est que je ne vaux rien. Parfois, je me sens même carrément inutile et je ne vois pas pourquoi je devrais avoir du respect pour moi-même vu que je suis une ratée intégrale. Même Michel l'a compris. Dès que je lui ai donné l'occasion, il l'a saisie et il est parti sans demander son reste.

Ce matin, plus sombre que jamais, je suis tombée sur la carte de visite que m'a laissée Ange avant de partir :

Christophe Fandré
Estimation de soi – Devis – Expertises

Je me suis souvenue de ce que m'a demandé de faire Ange, en cas de crise. J'ai appelé.

– Christophe Fandré, j'écoute.

– Je vous appelle de la part d'A2S, il m'a dit que…

– C'est lui qui vous a donné ma ligne directe ?

– C'était sur votre carte…

– Il est gonflé, l'Ange bleu ! Moi, je vais filer son mail à tous mes patients, il va voir ce que c'est que d'avoir les barjots en direct !

– Je ne voudrais pas vous déranger, monsieur Fandré…

– C'est fait. Allez-y, je vous écoute.

– Je voudrais prendre rendez-vous.

– Avec moi personnellement ?

– C'est ce qu'Ange m'a conseillé…

– Il ne doute de rien, le neveu de son oncle. Il oublie que j'ai été élu « Psychiatre le plus glamour de l'année » par *PsychoPlus*. J'ai des mois d'attente !

– Je comprends, ce n'est pas grave. Je ne voudrais surtout pas prendre la place de quelqu'un qui mérite plus que moi d'être heureux. Pour moi, de toute façon, il n'y a pas grand espoir. À quoi bon reconstruire des murs écroulés sur des marécages putrides ?

– Mauvaise image de vous-même, hein ?

– Exactement ! Comment avez-vous… ?

– L'expérience. Bon, je vais essayer de vous trouver une place au prochain casting.

– Vous organisez des castings ?

– Rançon du succès… Comme Freud, je prends les cas les plus intéressants et mes associés s'occupent du tout venant. Vous seriez libre jeudi prochain pour la présélection au Bataclan ?

– À Paris ? Je… pourquoi pas, je vais essayer.

– OK ! Un petit conseil : devant le jury, vous avez deux minutes pour convaincre. Alors lâchez-vous, balancez tout ! Faites-les vibrer. Vous n'avez rien à perdre.

Mercredi 11 juin

J'ai pris un petit hôtel place de la République, à deux pas du Bataclan. Les auditions commencent demain matin, à 9 heures.

Je suis allée aux inscriptions pour le casting et j'ai récupéré mon dossard, le 44 (4+4=8, mon chiffre porte-bonheur). Après, je me suis baladée dans Paris. Il faisait beau, c'était agréable de retrouver sous le soleil tout ce que j'ai quitté, sous la pluie, cet hiver. Légers remords, mais fugaces, d'avoir tout plaqué. Je sais bien que je ne méritais pas ma petite vie facile et insouciante où tout allait de soi.

En passant dans le quartier où travaille Michel, j'ai eu un pincement au cœur et j'ai retrouvé cette question qui me hante depuis quelques temps : comment a-t-il pu vouloir de moi pendant si longtemps ?

J'ai appelé Betsy, elle est persuadée que je vais être sélectionnée. Elle m'a conseillé de potasser *Imparfaits, libres et winners* de Christophe Fandré, préfacé par Miss Dominique.

Jeudi 12 juin

Je sors du casting et je suis... sélectionnée ! C'est tellement extraordinaire et immérité que j'ai encore du mal à y croire.

D'ailleurs, la journée entière s'est déroulée comme dans un rêve. Ce matin, quand nous sommes arrivés au théâtre, ils nous ont prévenus que, sur la cinquantaine de candidats présélectionnés, ils n'en garderaient que trois pour l'entretien final devant Christophe Fandré. Le préparateur nous a encouragés à « envoyer du bois » pour convaincre le jury qu'on avait une super motiv' et gagner la consult' avec Christophe. Il nous a tellement mis la pression que, quelques secondes avant de monter sur scène, j'étais sur le point de m'évanouir de trac.

Le jury était composé d'Élisabeth Roukinesco, spécialiste des people de la psychanalyse, Marcel Ruffau, pédopsychiatre à la télé, Serge Tisseran, artiste de variétés psy, et 4S, le directeur de *PsychoPlus*.

J'avais énormément répété à l'hôtel et au téléphone avec Betsy, mais rien ne s'est passé comme prévu. Je me suis emmêlé les pinceaux, j'ai mélangé les dates, les symptômes, j'ai pleuré trop tôt... Bref, la cata !

C'est Tisseran qui s'est dévoué pour commencer le débriefing :

– Je suis désolé, Nadine...

– Aimée, ai-je corrigé.

– Ouais, Aimée ou Nadine, c'est kif-kif. Ou plutôt « kiffe pas » parce que, moi, j'ai rien ressenti. Zéro trip, no feeling. C'était pas du tout en place, tu grimaçais et t'en faisais des kilos dans le vibrato. Pour moi, c'est « non ».

– Je ne serai pas aussi sévère que Serge, a modulé Ruffau, y a de bonnes choses mais dommage que j'aie rien entendu sur ta petite enfance, tes tétées compulsives, tes crises abandonniques, tes colliques-symptômes. À ce stade-là de la sélection, ça manque aussi de régression sadico-orale. Donc pour moi, ce sera un petit « non » également.

Élisabeth Roukinesco a essayé de me défendre :

– Je ne suis pas du tout d'accord avec les garçons, a-t-elle protesté en essuyant une larme. Moi, tu m'as carrément envoyée en l'air, Aimée. Regarde, j'en ai encore les poils tout droits sur les bras. J'ai adoré ta petite histoire avec Bovary, Homais, la Normandie… Tu t'es emparée d'un symptôme et tu l'as complètement réinterprété. À la limite, je préfère ta version à celle de Flaubert. Tu m'as carrément fait grimper aux rideaux. D'ailleurs, ton parcours me fait penser à la controverse Anna Freud – Mélanie Klein. Si elles avaient eu un cas comme le tien pour se départager, elles…

– Je peux en placer une ? l'a interrompue brutalement 4S. Je vais être cash avec toi : t'as rien à offrir, t'es plus très jeune et ton truc, c'est plat, c'est déjà entendu mille fois, c'est vaguement hystéro. On n'est pas chez Mireille Dumas ! Franchement, je me demande ce que tu fais là…

C'est là que j'ai eu l'idée de dire que c'était Ange qui m'avait conseillé de rencontrer Christophe. J'ai vu que 4S murmurait aussitôt à l'oreille des autres jurés. Juste après, ils m'ont demandé de retourner dans les loges pour y attendre le verdict.

En fin d'après-midi, on nous a réunis sur la scène et on nous a annoncé les résultats : je fais partie des trois candidats qui ont décroché l'entretien ! Prochaine étape : la finale dans le cabinet de Christophe.

Si on lui convient, on entre en thérapie avec lui. Trop d'la balle.

Vendredi 13 juin

J'ai annoncé la grande nouvelle à Betsy. Elle est folle de joie pour moi. Elle m'a conseillé de rester moi-même pendant la finale, de boire beaucoup d'eau au cas où je devrais pleurer et de lire du Christophe Fandré pour me préparer mentalement. Je me suis acheté *Petits bonheurs, grosses thérapies*, *L'X-tase et la B-attitude* et *L'euphorie sans souffrir*...

Samedi 14 juin

Finale dans le bureau de Chris. J'imaginais rencontrer un vieux psy scolaire en blouse blanche, en fait, c'est un jeune type chauve, sapé Gap, qui ressemble à moitié à Éric et Ramzy.

Il m'a dévisagée un petit moment avec un fin sourire et l'interrogatoire a débuté.

– C'est vous, Aimée, la protégée de A2S ? m'a-t-il demandé d'entrée de jeu.

J'ai senti le sang refluer de mon cœur.

–Vous êtes au courant ? me suis-je étranglée de confusion.

–Vous me l'avez dit au téléphone...

– Je suis vraiment désolée, je ne voulais pas passer devant tout le monde. Je ne sais pas ce qui m'a pris de faire ce casting...

– Je vois, a-t-il commenté avec un nouveau petit sourire. Je vais maintenant vous demander de vous décrire.

– Je dirais que je suis une femme.

– C'est tout ?

– Oui, enfin... je... oui, c'est ça, une femme.

– Une femme comment ? insista-t-il.

– Une femme... seule ? ai-je proposé.

– C'est votre dernier mot ?

– Non, attendez ! Excusez-moi... Une femme pas seule ?

– C'est vous qui savez, Aimée.

– Oui... Enfin non. Il y a la boulangère qui vient parfois me voir, et puis le facteur. Et mon amie Betsy qui m'écrit de temps en temps. Je ne suis donc pas complètement isolée. Je ne voulais pas faire offense à toutes ces femmes vraiment seules...

– Comment réagissez-vous face à un échec ?

– Comme tout le monde : je me sens nulle, salie, humiliée, méprisable, au fond du gouffre, contagieuse, maudite, abjecte et je m'effondre...

– Face à une réussite ?

– Je n'ai jamais de réussite. Quand par malheur ça m'arrive, je ne suis pas dupe, je sais que tout bonheur finit par se payer au centuple. En attendant l'addition, j'alterne anxiété, dépression, rituels superstitieux et, surtout, je demande tous les jours pardon à Dieu.

– D'après mes fiches, vous avez fait de brillantes études, n'est-ce pas ?

– Je n'ai aucun mérite, j'étais bonne en toutes les matières. N'importe qui à ma place aurait fait pareil, en mieux... Je crois d'ailleurs que les profs m'ont toujours confondue avec une autre Aimée, très belle et très douée.

– Qu'est-ce que vous attendez d'une thérapie avec moi ?

– Comprendre pourquoi je suis aussi nulle.

– Quelque chose à ajouter ?

– Si vous ne m'acceptez pas en consultation, je vous comprendrai parfaitement, je suis tellement dénuée d'intérêt.

– OK, je vous prends ! a-t-il déclaré brusquement.

– Vraiment ? ai-je demandé, incrédule. Vous êtes sûr que vous ne confondez pas avec une autre Aimée, plus intéressante ?

– Parfaitement sûr, a-t-il confirmé. Ton cas est carrément fascinant, j'ai rarement vu une aussi basse estime de soi.

– Alors vous aussi, vous avez une basse estime de moi ?

– Je ne te parle pas de mon estime de toi, à moi. C'est toi qui a une basse estime de soi, à toi.

– Je vous comprends. Moi, au contraire, j'ai plutôt une bonne estime de vous, à moi.

– Ça n'a rien à voir. C'est moi le thérapeute donc mon estime à moi pour ton estime de soi à toi, même si elle est basse (mais en l'occurrence elle est haute), vaut mille fois n'importe quelle estime de soi à soi, même la tienne, que personne n'estimerait en soi.

– Et à combien l'estimez-vous mon estime de soi, à moi ?

– Je ne peux pas te répondre comme ça. L'estimation de soi est une science précise. C'est pour ça que j'ai développé des outils mathématiques sophistiqués avec plein de questions pièges. Tiens, je t'en laisse une pile. Réponds sans réfléchir et rapporte-moi ça la prochaine fois qu'on se voit.

Dimanche 15 juin

Chris Fandré m'a donné une vingtaine de questionnaires à remplir. Ce sont des séries d'affirmations devant lesquelles il faut réagir en cochant des cases. Ça a l'air simple à première vue mais je n'ai pas encore eu le courage de commencer. J'ai trop peur de mal répondre et de le décevoir.

Lundi 16 juin

J'ai pris mon courage à deux mains et j'ai passé la journée à cocher les cases. J'avoue que j'ai triché car Chris m'a demandé de tout faire sans réfléchir, mais certaines affirmations m'ont vraiment posé problème.

Par exemple, je suis restée deux heures sur cette question :

Question 7 – Dans la liste suivante, choisissez l'affirmation qui vous correspond le mieux :
a. Je ne m'aime pas
b. Je n'ai aucune qualité
c. Je ne vaux rien
d. Je ne comprends même pas la question

Finalement, j'ai coché **c**, j'espère que c'est bien ça qu'il fallait choisir pour illustrer mon côté absolument « bonne à rien ». J'ai hâte d'avoir les résultats.

Mercredi 18 juin

Rendez-vous avec Chris aujourd'hui. Il a d'abord analysé les tests que je lui ai remis.

Le diagnostic n'a pas traîné :

– C'est bien ce que je pensais, m'a-t-il annoncé, tu as une majorité de **b**. Je te lis l'interprétation : « *Vous avez parfois besoin d'être rassurée sur votre valeur par de bons résultats. D'un naturel entêté, vous n'aimez pas revenir sur une décision surtout quand c'est trop tard. Vous avez parfois une vision pessimiste de la nature humaine et il vous arrive de douter de la* *sincérité de vos ennemis. Votre jugement est généralement lucide, notamment dans les démarches administratives. Il peut vous arriver de manquer de tolérance et de diplomatie en cas de tapage nocturne. Vous aimez les voyages et les rencontres. Votre animal totem est le hibou.* »

Je suis restée bouche bée de longues secondes.

Grâce à quelques centaines de questions a priori sans rapport avec moi, Chris avait tapé dans le mille de ma personnalité. Même le hibou, animal auquel j'avoue n'avoir jamais songé jusqu'alors, semble parfaitement coller avec moi : la coiffure, la façon de toujours rentrer la tête dans le cou, la discrétion qui fait qu'il ne sort que la nuit…

Chris observait mon étonnement, visiblement satisfait.

– Alors ? me demanda-t-il.

– Je suis vraiment bluffée !

– Tu n'as encore rien vu. Ces batteries de test ne donnent qu'une première ébauche de ta personnalité. Mes recherches sur l'estime de soi fournissent des résultats encore plus précis.

– Cette « estime de soi » dont vous parlez souvent, en quoi consiste-t-elle exactement ?

Il eut un hochement de tête indulgent.

– Je comprends tes interrogations. On se méfie toujours des idées neuves. Moi-même, au départ, j'ai eu du mal à croire à l'importance de ma découverte. Il faut dire qu'à cause de Freud, on pensait que le psychisme humain se décomposait en « moi », « ça » et « surmoi ».

– Ce n'est plus comme ça ?

– Plus du tout, car j'ai découvert une nouvelle entité : le « soi ». À la différence des concepts freudiens fumeux qu'on ne voit jamais, il est très facile d'observer le « soi » en action. J'ai d'ailleurs développé des tas de tests où c'est le soi lui-même qui répond. On ne sait pas encore le localiser au scanner mais ça va venir.

– C'est donc ce soi qui est malade chez moi ?

– Retiens que le soi, c'est vraiment toi. C'est-à-dire que si ton soi va mal, tu vas mal. S'il va bien, tu vas bien. Si ton soi est content de lui, tant mieux pour toi mais s'il a la haine de soi, toi aussi.

– C'est mon cas, je suppose ?

– Disons que comme tout le monde, ton soi connaît des hauts et des bas. Un bas de soi, implique nécessairement un bas de toi. C'est ce qui t'arrive en ce moment. Et c'est là qu'intervient une autre notion fondamentale sur laquelle nous allons travailler ensemble : l'estime de soi.

– C'est vous qui l'avez inventée ?

– Hélas, ça existait bien avant moi sinon je l'aurais déposée… Mais personne n'avait su l'exploiter comme je l'ai fait. J'ai publié des tas d'articles, écrit plein de bouquins, participé à des dizaines de colloques… Les résultats sont là, incontestables : ça cartonne. Et sais-tu pourquoi ? Parce que c'est une notion simple, accessible au plus grand nombre et adaptée aux nouveaux médias : Internet, téléphonie… Une véritable révolution scientifique.

– Vous êtes certain que je mérite d'en bénéficier ?

– Tout le monde le peut et le doit. Il suffit d'avoir un soi et de se demander s'il a confiance en lui. C'est ça, la force du concept. La prochaine fois, je t'expliquerai en détails comment ça marche. D'ici là, fais cette nouvelle série de tests.

Jeudi 19 juin

L'assistant de Chris m'a donné un rendez-vous pour lundi prochain. Hier, en sortant du cabinet, j'ai croisé une ministre des Finances qui semblait avoir le moral dans les chaussettes. Je ne serais donc pas la seule à souffrir d'une baisse de forme de mon estime de soi ?

J'y verrai plus clair lundi. En attendant, je remplis consciencieusement les questionnaires que m'a confiés Chris.

Vendredi 20 juin

Je suis de nouveau face un gros dilemme. Dans l'un des tests, la question posée est la suivante :

> **Que pensez-vous, spontanément, en vous regardant dans un miroir :**
> **a. Je ne suis pas assez nulle**
> **b. Je suis nulle**
> **c. Je suis très nulle**
> **d. Je suis si nulle que je ne sais pas quoi cocher**

Sincèrement, j'aurais tendance à répondre : **b. Je suis nulle**, mais depuis que Chris m'a parlé de mon estime de soi, je soupçonne que c'est parce que la mienne est exceptionnellement basse qu'il m'a acceptée en consultation. Et j'avoue que j'en suis plutôt fière. Mais, du coup, cette fierté fait remonter mon estime de soi. Et si mon estime de soi augmente, elle risque de ne plus être assez basse pour intéresser Chris. Je ne sais absolument pas quelle réponse choisir pour exprimer à quel point j'ai honte de moi sans pour autant en être fière.

Samedi 21 juin

En lisant une interview de Chris dans *VSD*, j'ai appris que les gens qui ont une basse estime de soi sont souvent hésitants. Mes incertitudes sur la réponse au test sont donc normales. Mais imaginons que j'aie coché, sans la moindre hésitation, la réponse : **c. Je suis très nulle**. Cela voudrait dire que je suis à la fois très sûre de moi mais que je me trouve très nulle. À quel niveau serait alors mon estime de soi ?

Je suis sûre que Chris a inventé un moyen scientifique pour trancher.

Dimanche 22 juin

Finalement, j'ai coché **b**, au hasard, on verra bien. De toute façon, je ne comprends toujours pas pourquoi il perd son temps à essayer de me soigner. Est-ce que j'en vaux vraiment la peine ?

Lundi 23 juin

Aujourd'hui, consultation chez Chris. On a commencé par le débriefing des tests. Il m'a encore époustouflée.

– Oh ! oh ! Cette fois, tu as coché une majorité de **c.**, m'a-t-il annoncé. C'est de plus en plus clair. Écoute ça :

« *Vous avez besoin d'être comprise, approuvée et appréciée. Cela peut vous rendre sensible aux insultes surtout quand elles viennent de ceux dont l'estime est votre raison de vivre. Vous êtes parfois victime de l'incompréhension de votre entourage quand vous vous exprimez mal, mais il suffit que le soleil brille dans votre ciel et vous retrouvez le sourire.* »

– Ça ne m'étonne pas que votre découverte plaise autant, c'est tellement soi !

– Attention tout de même à ne pas réduire l'estime de soi à des séries de tests pour magazines. Derrière ces résultats qui peuvent te sembler magiques, il y a tout un appareil théorique avec des tableaux, des schémas, des livres en noir et blanc…

– J'ignorais que vous aviez écrit des ouvrages sérieux. Je ne connaissais que vos livres sur le bonheur et vos articles dans *PsychoPlus*.

– Face au lobby des universitaires barbus et des psychanalystes à col roulé qui m'accusent de vulgarisation déloyale, j'ai été contraint de complexifier mon concept phare. J'ai décomposé l'estime de soi en « mini-soi » ou « sous-estimes » progressives. J'en ai isolé sept en laboratoire : la rencontre de soi, le coup de foudre de soi, la drague de soi, le dîner avec soi, l'envie d'être à soi, la possession de soi, la douche avec soi. À l'aide de tests projectifs, je peux ainsi déterminer quelles sont les proportions relatives de chacune des composantes et tracer des graphiques crédibles qui forment une espèce de corolle. J'appelle ça la « Rose des Sois[1] ». Cette fleur personnelle te donne ton profil d'estime de soi complet et personnalisé.

1. Calcule ta « Rose des Sois » par téléphone. Tape « CHRIS » et envoie un SMS au 36 790.

– Je pourrais voir ma Rose ? J'ai l'impression que ça m'aiderait énormément.

– Tu la demanderas à mon assistant en sortant. Mais je te préviens : tu as une Rose très convexe car une mauvaise estime de soi donne une Rose rabougrie, instable dans son vase et qui perd facilement les pétales. Inversement, une bonne estime de soi génère une Rose concave, épanouie, sûre d'elle-même et suscitant l'admiration de tous. Pour elle, une rencontre amoureuse n'est pas impossible.

– C'est étonnant comme tout cela me parle ! Je crois que c'est la première fois que je ressens un tel sentiment de compréhension profonde de ce que je vis.

– Parfait ! Dans ce cas, je peux te donner mon diagnostic sans attendre : tu parles de tes faiblesses plus facilement que de tes points forts, tu minimises tes réussites, tu as un sentiment diffus d'insécurité, tu crains la nouveauté, tu redoutes l'échec et tu es inquiète pour le réchauffement climatique tout en continuant à prendre ta voiture.

– C'est… c'est sidérant, ai-je articulé avec peine.

– Ce qui est plus intéressant, c'est comment je vais te tirer de cette mauvaise estime de toi !

– Vous soignez aussi ?

– C'est le but de la thérapie que j'ai mise au point. Je ferai éclore ta Rose pendant la prochaine séance.

J'ai rendez-vous jeudi ! J'hésite entre la joie d'être bientôt heureuse et la peine d'arrêter les consultations avec Christophe. Je crois que je commençais à m'habituer à ses chemises saumon.

Mardi 24 juin

En attendant jeudi, je suis rentrée à Yonville. Sur le répondeur, j'ai trouvé un message de mon conseiller financier. Pour la première fois depuis longtemps, je suis allée jeter un coup d'œil à mes économies : ma période de régression bovaryenne m'a coûté très cher et le pactole des indemnités de licenciement a déjà fondu. Je suppose que je devrais m'inscrire au chômage mais, comme l'a si bien analysé Chris, je suis quelqu'un qui a « *besoin d'être comprise, approuvée et appréciée* » et je ne suis pas sûre de trouver ça au guichet des Assedic.

C'est peut-être dû à ma « *vision pessimiste sur la nature humaine* » ? Alors que faire ? Le plus simple serait de retrouver un boulot, relax et bien payé.

Ou peut-être pas, après tout. N'existe-t-il pas d'autres sortes de bonheurs, simples et profonds, que la vie offre et qui ne s'achètent pas ? Un court instant, j'ai été effleurée par une idée complètement folle : choisir de vivre une existence simplifiée, volontairement frugale, loin de la tyrannie du productivisme, des aberrations de la croissance à tout prix et des escroqueries du développement durable. Comme si l'on pouvait croître de façon durable dans un système fermé comme le Globe Terrestre…

J'ai cherché des références sur PsychoPlus.com. J'ai trouvé quelques séminaires de décroissance volontaire inspirés de Thoreau et un stage « *Into the wild* », mais les huttes ne sont même pas climatisées.

Mercredi 25 juin

J'ai eu Betsy au téléphone. Elle dit que l'ambiance est mortelle chez G&G&G (Isabelle et Emmanuel ont été virés) mais elle a l'air de tenir le coup. Elle a débuté une gellothérapie (cure par le rire). Deux fois par semaine, elle rejoint son groupe d'hilarité médicale. Ils tapent dans leurs mains, lancent des ballons imaginaires et miment la vie de bureau sous forme de saynètes burlesques. Leur gellothérapeuthe, une clownesse de la CRAM, les force à s'esclaffer spontanément comme le font les enfants. Il paraît que le rire réduit les tensions musculaires, muscle le diaphragme, diminue le stress, augmente la tolérance au harcèlement moral, renforce le système immunitaire et affirme aux yeux du monde l'invincibilité du moi. Mais rien pour le soi.

Jeudi 26 juin

Et voilà !

Comme il me l'avait promis, Chris m'a montré comment faire éclore ma Rose. C'est à la fois tout simple et merveilleusement efficace…

Quand je suis arrivée, il avait l'air très en colère.

– Je vous dérange ?

– Non, non. Asseyez-vous. Je réglerai leur compte à ces canailles plus tard !

– Des problèmes avec votre Neufbox ?

– Pire. Avec des jaloux aigris qui s'attaquent au bonheur !

–Vraiment ? Il existe des gens qui sont contre la félicité et le bien-être ? C'est impossible !

– C'est ce que j'ai longtemps cru. Hélas, dans l'édition, tous les coups sont permis. Figure-toi que des petits malins ont lancé des « manuels du malheur ».

– C'est ignoble ! Il faut vraiment être un nanti irresponsable pour oser se moquer du bonheur. J'espère que *Le Monde* va leur passer un bon savon !

–Y a intérêt ! D'autant qu'ils sont en train de prendre des parts de marché énormes auprès des élites CSP + qui commencent à trouver le bonheur vulgaire et des ados gothiques qui se cherchent un style.

– Quel cynisme ! Qu'est-ce qu'on peut faire ?

–Je ne sais pas encore : lancer un bien-être de troisième génération ou voir du côté des philosophies orientales, si on ne peut pas renouveler l'offre de bonheur... Mais je ne veux pas t'importuner plus longtemps avec ces problèmes déontologiques. Tu es là pour guérir ton estime de soi et faire éclore ta Rose. Alors voilà venu le moment de te livrer le secret de la réussite, il réside tout entier dans cette question clé : « Que conseillerais-tu à ta meilleure amie pour qu'elle soit heureuse ? »

– Facile. Je lui dirais de se trouver belle, intelligente, de profiter des bons moments, de voir un film comique, de penser à des choses agréables, d'écouter de la bonne musique, de manger des aliments savoureux, de tomber amoureuse...

–Très bien ! Maintenant, considère que tu es toi-même ta meilleure amie et suis tous tes conseils à la lettre.

–Je comprends. J'ai conseillé à ma meilleure amie de se trouver belle donc si ma meilleure amie c'est moi, je dois me dire qu'elle est belle.

– Que toi, tu es belle, ça revient au même.

– Je dis à ma meilleure amie que je suis belle.

– Et elle aussi, puisque c'est toi.

– Elle me dit que je suis belle ? Nous sommes belles toutes les deux ?

– Si tu veux. L'important, c'est que ce travail cognitiviste améliore tes rapports avec toi-même afin que tu deviennes ta meilleure amie et que ta Rose s'ouvre.

– Je crois que je ne pourrai jamais être ma meilleure amie, elle est beaucoup mieux que moi.

– Sauf si elle, c'est toi.

– Et moi, qu'est-ce que je deviens ?

– Tu deviens elle. Du coup, comme tu l'estimes beaucoup et qu'elle aussi t'estime, ça rejaillit sur toi.

– Et j'arrive ainsi à me trouver aussi bien qu'elle !

– Exactement. Certains patients arrivent même à se trouver mieux qu'eux-mêmes. Mais il faut plus de séances.

Je sentis qu'un poids immense venait de tomber de mes épaules. Pour la première fois depuis longtemps, depuis toujours devrais-je dire, j'avais une amie qui portait un regard valorisant sur moi. Cette amie, toujours disponible, toujours prête à faire du shopping, à aller à la piscine ou au cinéma, à m'écouter lui raconter mes problèmes au téléphone, c'était moi.

– Je ne sais pas comment vous remercier, lui dis-je, au bord des larmes.

– Tout simplement en étant très heureuse et en donnant ton témoignage sur PsychoPlus.com.

Un temps pour s'allonger et marcher…

(avec les remèdes de grammaire de Jack Slalomé)

Vendredi 27 juin

Depuis la fabuleuse séance d'hier avec Chris, je me sens une autre femme. Aujourd'hui, par exemple, j'ai suivi les conseils de ma meilleure amie. Elle déborde d'idées sympas. Nous nous sommes offert un petit bonheur : celui de faire les magasins avec moi-même. Je nous sentais vraiment bien dans ma peau, optimistes, et même, c'est à peine si j'ose l'écrire, aussi belles qu'elle.

Comme cadeau « bonheur garanti », j'ai décidé de m'offrir *Les belles lettres du Professeur Rollin.com*. Mes pas m'ont emmenée dans la librairie d'un grand magasin.

J'ai souri avec indulgence en passant devant les tas de bouquins de chez Paul Éditions. J'ai bien compris que je n'y serai jamais. Tant pis. Ou tant mieux ? Tout ça me semble si loin…

Au rayon BD, j'ai eu une petite pensée pour Michel. Je me suis rappelé qu'il adorait les albums de Daniel Goossens. Il me disait souvent que c'était ça, le génie comique. Je lui répondais toujours que s'il était si bien que ça son Goossens, on l'aurait vu à la télé.

Michel… Où est-il ? A-t-il déjà refait sa vie ?

Fière de mon assurance toute neuve et de ma Rose épanouie, j'ai fait un détour, petit sourire ironique aux lèvres, par le rayon « Développement Personnel ».

Assis à une table, un monsieur très digne, cheveux blancs, veste pied de poule, patientait devant plusieurs piles de bouquins aux couvertures pastel. Il arborait un sourire confiant de vieux sage à qui on ne la fait pas. Une affichette annonçait : « *Jack Slalomé signera son ouvrage* Allonge-toi et marche ! *le 19 juin de 14 à 16h* ».

Je m'apprêtai à passer sans m'arrêter lorsqu'une voix m'interpella.

– Tenez, jolie Mademoiselle, c'est pour vous, me dit le vénérable auteur en me tendant un de ses livres.

L'ouvrage s'appelait : *Tendresse de cœur, cœur de tendresse.* À peine l'avais-je en mains, qu'il me lança :

– Page 64, 2e paragraphe…

Amusée et intriguée, j'ouvris le livre à la page indiquée et je lus : « *Chaque amour est comme une fleur. Il faut l'accueillir (avec tes demains) et la rosée souvent (de tes larmes).* »

« *Michel m'a offert une fleur d'amour et je l'ai piétinée…* » réalisai-je en sentant mes yeux s'embuer.

Sans paraître se rendre compte de mon trouble, il me tendit un autre de ses ouvrages, baptisé *Par où t'es née, on t'a pas vue sortir ?*

– Regardez page 267, sous la photo de l'edelweiss.

Je m'exécutai et découvris cette phrase : « *En partant pour ton départ, laisse le cœur de l'autre dans l'état où tu aurais aimé le trouver en arrivant.* »

Michel, encore ! Comment avais-je pu croire que notre histoire était réglée ?

L'homme continuait à me tendre des livres.

– Lisez page 178, à côté du chaton sur le dos du faon.

«*En amour, choisis toujours d'être active plutôt que de te faire acculer.*»

– Être active... murmurai-je. J'aurais dû me battre pour regagner l'amour de Michel au lieu de le laisser partir!

– Ouvre celui-là, *Plaisir d'offrir, Joie de recevoir*, page 97.

Les yeux noyés de larmes, je déchiffrai à grand peine: «*L'amour ne se soustrait pas en se divisant, il se multiplie en s'additionnant.*»

Cette fois, je fus secouée par une véritable crise de larmes.

– Excusez-moi de m'épancher ainsi, réussis-je à articuler entre deux sanglots. Je crois que c'est de cela dont j'avais besoin: pleurer sur mon amour perdu. Je ne l'avais pas encore fait. Maintenant que je suis très heureuse, je peux enfin me le permettre...

– Pleure, mon pot de miel, m'encouragea-t-il. Laisse couler tes larmes d'or, qu'elles remplissent tes rivières, inondent tes vallons, fassent déborder tes lacs avec lesquels communique ta mer... Quel est ton prénom, ma brioche?

– Aimée.

– Comme c'est profond, un prénom, quand on sait s'y baigner nu. Je me présente: Jack Slalomé. Jack, comme dans les films en couleurs, et Slalomé parce que, comme Jean-Claude Killy, je sais contourner les détresses émotionnelles du labyrinthe intime dans les dédales secrets de la vie affective au cœur de l'âme sans jamais rater une porte ouverte.

Il a pris mon bras entre ses deux mains moites et l'a tenu étroitement serré un long moment. Quand ma tempête de larmes a été apaisée, il m'a dédicacé cinq ouvrages et m'a demandé:

– Tu es (du verbe être) un être aimant en ce moment ?

– Non, je suis un être seul actuellement.

– Du verbe être ou suivre ?

– Du verbe être. Enfin, je suis aussi (du verbe suivre) un être seul, car nous sommes deux, avec ma meilleure amie qui est en moi. Je ne sais pas si vous suivez (du verbe suivre), c'est cognitiviste…

– Je te suis (toujours du verbe suivre). Je pense à quelque chose dans ma tête : voudrais-tu, le temps d'un espace suspendu dans la respiration du monde, habiter le silence du non-dit et quitter la planète Taire ?

– Je ne suis pas du tout (du verbe être) sûre de comprendre.

– C'est pourtant simple comme un sourire de biche dans la clairière des équivoques. J'organise demain un week-end pour vaincre la solitude du sentiment d'abandon dans la tendresse du présent (au sens de cadeau). Pourquoi ne pas vous inviter ?

– Vous voulez que je m'invite ? demandai-je, secrètement tentée.

– Non, c'est à moi de le faire.

– Très bien, allez-y.

– Où ça ?

– Je ne sais pas, vous ne me l'avez pas dit.

– Je vous invite.

– Merci. Mais il n'est pas sûr que je puisse (au sens de pouvoir). De plus, je hais les départs précipités…

– Du verbe être ou avoir ?

– Haïr. Je comptais rentrer chez moi, lire tous ces livres…

– Que crains-tu, mon sucre d'orge ? Tiens, lis mon livre :

L'effroi dans le dos. Il explique comment faire face à ses peurs en leur tournant les épaules. Ensuite, si tu te décides, appelle-moi à ce numéro...

Samedi 28 juin

La rencontre avec Jack m'a perturbée. Dans le train pour Yonville, j'ai commencé tous ses livres à la fois mais ça ne m'a pas apaisée, au contraire. Après une nuit et une matinée entières d'hésitation, je lui ai finalement passé un coup de fil pour m'excuser.

– Je vous ai fait faux bond, Monsieur Slalomé. Désolée.

– Mais non, ma sucrette, tu n'es pas désolée. Le désert est désolé. Toi, tu es fertile, comme une terre gorgée de tendres promesses qui n'attend qu'un jardinier pour labourer.

– Vous croyez ?

– Du verbe croître, croire ou croasser ?

– Croire.

– Non, je ne crois pas, ma grenadine. J'en suis aussi certain que le levain est dans la pâte.

– C'est vraiment gentil à vous, Monsieur Slalomé.

– Appelle-moi Jack, comme au cinéma parlant. Où es-tu ? (du verbe être)

– En Normandie, à Yonville.

– Surtout ne bouge pas, je passe te prendre demain matin. C'est ma route, et la tienne.

– Vous êtes sûr ? demandai-je étonnée.

– Sur quoi ?

– Sur votre route.

– Absolument. Si tu hais la route que tu suis, alors je suis la route que tu es.

Dimanche 29 juin

Quand il est arrivé à Yonville, au volant de sa 403 décapotable, j'ai découvert qu'il était seul.

– Où sont les autres participants au séminaire ? ai-je demandé, sur la défensive.

Il m'a souri en me regardant par-dessus ses lunettes d'aviateur et il m'a saisi le bras à deux mains.

– Encore la peur, mon Rocher Ferrero ?

– Il n'a jamais été question que je fasse ce séminaire sur la solitude, toute seule avec vous…

– La solitude ? N'est-ce pas elle qui murmure, comme un balbutiement de l'âme, qu'ensemble tout est possible ?

– Sans doute mais ça n'explique pas pourquoi nous ne sommes que deux.

– Si nous acceptons d'accoucher de nous-mêmes, nous pourrons très vite être quatre et nous inventer un désir d'avenir…

Sa façon de parler était tellement imagée et humaniste que je sentais mes appréhensions se dissoudre une à une. Progressivement, l'idée de monter dans la voiture de ce quasi-inconnu devenait presque séduisante. Qu'avais-je à perdre ? Ma nouvelle estime de soi, gonflée à bloc par Chris, me soufflait que je n'étais pas du genre à me laisser avoir par le premier marchand de bonheur venu et que je devais accepter d'aller là où le vent me poussait.

J'ai mis mon sac de voyage sur le siège arrière et je me suis assise à ses côtés.

– Où allons-nous? ai-je demandé après quelques kilomètres de campagne normande.

– Là où l'on se trouve.

– Mais nous sommes en chemin.

– Justement. Nous allons là où est le chemin car c'est là qu'on se trouve.

– Et où mène-t-il ce chemin, Jack?

– Au cœur de ton Éden relationnel.

– Vous savez comment on y va?

– Bien sûr, ma chouquette. Je connais la dilection.

Mercredi 2 juillet

Je profite de la sieste quotidienne de Jack pour mettre à jour mon journal.

Déjà trois jours que nous sommes à Cabourg, à l'Hôtel des Pétunias. C'est un petit «deux étoiles» coquet, assez agréable, où Jack doit avoir ses habitudes car la patronne est aux petits soins et lui adresse sans cesse des clins d'œil complices.

Nos chambres sont côte à côte et s'ouvrent sur la mer. Depuis notre arrivée, nous nous promenons dans les rues piétonnes et nous travaillons sur mon Éden. Jack dit qu'il faut que je retrouve le chemin d'espérance du désir pour enfin toucher l'horizon de la liberté d'être.

C'est plus facile à dire qu'à faire, mais je sens que, peu à peu, des digues de ressenti s'affaissent et que l'instant se fait tendre promesse. Comme si des murmures d'eau étonnés et des ruissellements hésitants commençaient à fendre le masque impénétrable des dérobades esquivées. Pourvu que ça dure.

Vendredi 4 juillet

Ce soir, en rentrant du récital des Rondo Veneziano, Jack m'a entraînée jusqu'à la plage. Je crois qu'il était encore bouleversé par le concert et qu'il avait besoin du vent du large pour l'aider à reprendre pied dans le quotidien.

–Vous n'avez pas peur pour vos cheveux ? ai-je demandé.

– C'est gentil à toi d'y penser, mon pot de miel. Je mettrai mon foulard. Il fait sombre, personne ne me verra.

– La musique vous a touché, n'est-ce pas ?

– Plus que touché, savamment caressé. Les violons synthétiques, les hautes perruques, les costumes d'époque... tout cela chavire mon âme. Ah ! comme la vie pourrait être belle si elle ressemblait toujours à un morceau de musique des Rondo, une rapsodie amoureuse d'André Rieu, une sonate de Clayderman, une valse à la trompette de Jean-Claude Borelly... Comme l'a écrit le poète :

« J'ai au fond du cœur une drôle de chanson sicilienne
Que je sais par cœur car ma vie ressemble à la tienne
Je t'aime plus fort que les volcans de l'Italie
Quand résonnent encore les bruits des verres de Chianti... »

–Vous avez des goûts classiques, ai-je fait remarquer.

– C'est dû à ma formation : j'ai longtemps joué de l'orgue électrique dans une chorale. C'est comme ça que j'ai appris la grammaire des mains. Mais toutes les musiques me touchent au cœur, même les plus modernistes. Tu connais *Oxygène* de Jean-Michel Jarre ?

Abîmé dans sa rêverie, il se mit à imiter, avec une voix de crooner que je ne lui connaissais pas encore, les bruits électroniques d'*Oxygène IV*.

– Je crois que ça me dit quelque chose... confirmai-je.

– À chaque fois que je joue la cassette sur mon magnéto, ça me fait planer très haut. Fais-moi penser à te la faire écouter, un de ces jours.

– À propos de jours prochains, vous pensez que j'en ai encore pour longtemps à traverser mon Éden ?

Il ramassa un galet qu'il essaya de lancer à la surface de l'eau. Un craquement sourd se fit entendre et je le vis grimacer dans la pénombre.

– Vous vous êtes fait mal ? demandai-je.

– C'est la nature qui m'a fait mâle, ma confiture, dit-il en se massant la clavicule.

– Mais ce bruit...

– C'est mon épaule qui craque (au sens de craquer). Tant de monde s'y est appuyé... Et toi, tu la refuses.

– Pas du tout. Je peux m'y appuyer aussi si elle n'est pas claquée (au sens d'en avoir sa claque). Je voulais juste savoir quand je pourrai...

– Tu es jeune et fougueuse comme une jument qui rue dans les brancards pour qu'on la libère. Tu rêves de t'ébrouer avec des étalons de ton âge qui ne pensent qu'à faire la fête. Va sauter les obstacles avec tes amis, mais ne comptez pas sur moi pour vous trouver de l'herbe.

– Je vous en prie, Jack ! Ne montez pas sur vos grands chevaux !

– Allons, nous savons (au sens de savoir), que j'ai raison : tu t'ennuies avec moi…

J'hésitai un long moment avant de répondre. Puis, vaincue par ses accents de sincérité, je me lançai :

– C'est vrai, Jack. Je crois que je m'ennuie. J'aime bien jouer aux cartes mais pas des après-midi entières. Pareil pour le Casino, vous aimez y être dès l'ouverture pour réserver votre machine à sous, moi pas. Et ces goûters interminables dans les salons de thé, ces ventes d'autocuiseurs dans les lobbys d'hôtel, c'est barbant à la longue.

– Panses-tu ?

– Quoi ?

– Les chevaux.

– Quel écheveau ?

– Je veux parler de tous ces désirs emmêlés d'accomplir ta promesse intime.

– Là n'est pas la question, Jack. J'ai l'impression de ne pas avoir progressé d'un sabot depuis que nous sommes à Cabourg.

– Comme tu es amère, mon sirop. N'ai-je pas commencé à t'enseigner la conjugaison de la grammaire des êtres ? Demain, tu sauras le reste de mes secrets.

Il avait l'air sincèrement meurtri par mes reproches.

– Je suis confuse, Jack, je ne voulais pas vous blesser.

– Il n'y a que le bas qui blesse et c'est plus haut que j'ai mal. Ce sont mes coudes…

– Vos coups de soleil ?

– Mes coudes, tout court.

– En plus de votre épaule ?

– Oublie mon épaule. Elle s'est démise puisque tu n'as plus besoin de ses services, mais mes coudes me lancent.

– Ils vous lancent quoi ?

– Des SOS.

– Je comprends. Moi aussi je me sens étrange physiquement depuis quelques jours : fatigue, difficulté de concentration, soif intense, faiblesse musculaire...

– Je connais tous les médecins de la ville. Si les symptômes persistent, on consultera.

Lundi 7 juillet

Ce soir, j'étais accoudée devant l'immensité aquatique, en proie à un léger étourdissement, lorsque Jack a ouvert la porte-fenêtre de sa chambre. Il avait mis un pull de marin, un pantalon de toile claire et une casquette de capitaine. Il s'est approché de moi et a posé sur mes épaules un châle de dentelle. J'ai frissonné.

– Je te trouve bien pensive, ma saccharine, a-t-il remarqué. Toujours tes problèmes d'équilibre ?

– Le médecin ne m'a rien trouvé, soupirai-je. Et pourtant, je ne me sens pas très en forme.

– En forme de quoi ?

– Je suis aussi un peu lasse de ces jeux de mots (pas au sens de maux).

– Au sens de Meaux ?

– Non plus... Il y a une semaine, j'étais à Yonville, seule avec mon amie intérieure, pleine d'estime de soi, bien décidée à profiter de ma nouvelle amitié avec moi-même. Et me voilà en rade à Cabourg avec vous...

Il s'approcha de moi et me massa le haut des épaules.

– Que de distance tu mets dans ce vous. Moi, je te tutoie. Pourquoi naissais-tu pas (du verbe naître) ?

–Vous êtes sûr (au sens d'être certain) ?

– Bien sûr. Il est temps que tu te mettes au monde, ma sucette.

–Vous croyez (du verbe croire) ?

–Je le c'est (du verbe c'être). Tu n'as pas oublié le secret que je t'ai révélé, n'est-ce pas ? me demanda-t-il en murmurant soudain.

– Sur l'accord du sujet du verbe aimer avec le complément d'objet du désir ?

– C'est ça : mon schéma sur le parlant et l'écoutant.

–Votre règle de grammaire relationnelle qui postule que, si l'on veut communiquer, il faut être au moins deux ?

– Inutile de le crier sur les toits. C'est l'œuvre de toute une vie et le thème de mes soixante-trois ouvrages...

–Je ne suis pas sûre de savoir quoi faire de ce nouveau savoir.

– Cette linguistique amoureuse est pourtant la clé de tout, ma glace à la vanille.

–Vraiment ? Vous savez, je...

– Que t'arrive-t-il, mon coulis de framboises ?

–Je ne sais pas. Ça tourne...

–Au sens de « silence, ça tourne » ?

– Non, un vertige. Je...

Mercredi 9 juillet

Je me suis réveillée dans une petite clinique privée où Jack m'a fait transporter après mon malaise. Quand j'ai ouvert les yeux, je l'ai trouvé endormi à mon chevet. Un peu après, un médecin est entré dans ma chambre, un épais dossier sous le bras.

– Alors docteur, a demandé Jack en se réveillant, qu'est-ce qu'elle a comme « mal à dire » ?

– J'aimerais passer un moment seul avec cette jeune femme, a répondu le médecin.

– Moi aussi ! a répliqué Jack, mais elle résiste. Ça fait plus d'une semaine que j'essaye.

– Sortez, a insisté posément le médecin.

– Très bien, a dit Jack en s'en allant. Si vous parvenez à habiter les concavités propices de son intimité ultime, vous m'expliquerez quelle syntaxe séductionnelle vous employez.

Quand Jack a été parti, l'homme en blanc s'est approché de mon lit et a parcouru mon dossier médical.

– Comment vous sentez-vous, Mademoiselle ?

– Comme une immense prairie dorée que les pluies d'été ont oublié d'arroser et où les herbes sèches ondulent (du verbe onduler) en vagues de détresse.

– Combien comptez-vous de doigts ? m'a-t-il ensuite demandé en tendant vers moi sa main.

– Je compte beaucoup trop de « dois » et pas assez de « peux », ai-je avoué d'une voix faible.

– Je vois... murmura-t-il entre ses dents.

– Du verbe voir ?

Sans répondre, il mesura mon pouls et ma tension qu'il consigna dans mon dossier.

– Qu'est-ce qui m'arrive, docteur ? J'ai l'esprit cotonneux comme une barbe à papa et le corps aussi mou qu'un caramel au beurre.

– Vous souffrez de diabète mental, mademoiselle.

– Comment est-ce possible ?

– Vous deviez avoir un terrain favorable et vous avez sans doute ingéré de grosses quantités de sucreries intellectuelles… Un peu comme si vous aviez regardé le concours Eurovision de la chanson pendant trois semaines ou lu, d'une traite, toute l'œuvre de Guillaume Musso. À propos, qui est l'homme qui vous accompagne ?

– Jack Slalomé, le spécialiste des remèdes de grammaire. Un puits de science sans fond…

– Vu votre état, je vous conseille de cesser de le fréquenter.

– Jack ? Pourquoi ?

– Pendant votre évanouissement, je l'ai entendu vous susurrer à l'oreille des surnoms à base de glucose, des mièvreries suaves, des images poétiques doucereuses…

– Vous croyez ?

– Fuyez Cabourg et écoutez Rage against the Machine ! Vous devez changer radicalement d'air. L'idéal, ce serait un petit séjour à Paris. Quelques voyages en train de banlieue et vous évacueriez vite tout ce sucre mental accumulé.

– J'ai une amie qui habite en région parisienne. Je dois pouvoir arranger ça…

Un temps pour faire le saut de l'ange...

(grâce à la Shiantologie et à la fée électricité de Don Rubbarb[1]*)*

Samedi 12 juillet

Me voilà installée chez Betsy. J'ai quitté Cabourg et sa clinique des Mimosas deux jours après mon admission aux urgences. La séparation avec Jack a été du genre pénible (surtout pour lui, je crois), mais j'ai tenu bon en invoquant mon traitement.

Ça ne l'a pas empêché d'insister lourdement pour me raccompagner à Yonville avec sa décapotable.

– Je te jure que je ne dirai pas une fadaise de tout le voyage, m'a-t-il promis en s'agenouillant. Je me contenterai d'être à tes côtés et de pleurer en écoutant *Nabucco* dans la version de Nana Mouskouri.

J'ai refusé. Je suis rentrée en train comme une grande !

De Yonville, j'ai appelé Betsy. Comme je l'espérais, elle était folle de joie à l'idée de m'accueillir quelques jours chez elle, à Châtenay-Malabry.

1. **Avertissements de l'éditeur à l'Église de Shiantologie :** Les rumeurs malveillantes et diffamatoires sur l'auteur, sa famille et son chat sont à adresser directement aux médias amis de la Shiantologie. Aucun témoignage accablant non sollicité ne sera retourné. Seules les lettres de menaces anonymes timbrées au tarif en vigueur seront prises en compte.

– Zéro sucreries chez moi ! m'a-t-elle juré. On va se faire des plans « soldes privés » et « filles en goguette ». La vie dans la jungle parisienne, ça va vous remettre les idées en place, vous verrez !

Ce soir, nous allons à l'inauguration de la boutique d'un « jeune couturier qui monte », d'après Betsy. Elle a le chic pour se faire des relations dans tous les milieux.

Dimanche 13 juillet

Hier, nuit branchée et mystérieuse.

Le carton d'invitation, noir sur fond noir façon Malevitch, annonçait : « *McKenzie passe au noir* ».

Comme je n'ai plus les moyens de m'habiller à la dernière mode, j'ai adopté le look Birkin rentrant du Franprix de la rue du Cherche-Midi : jeans en stretch, pull lâche, veste en daim et mes increvables mocassins en cuir d'autruche. Pour la coiffure, Betsy m'a ébouriffée au gel, façon shampoing au Coca de chez Toni & Guy.

Quand on est arrivées devant « l'atelier » du créateur, un tas de gens attendaient sur le trottoir. J'ai aussitôt repéré Mlle Agnès, la chroniqueuse culte de Canal. On était plutôt fières de faire la queue avec elle. À l'entrée, un type en costume a échangé notre invitation contre une paire de lunettes noires. Après avoir avalé quelques verrines au saumon, j'ai laissé Betsy au buffet et je suis allée jeter un coup d'œil au showroom. À peine avais-je passé le seuil que j'ai été enveloppée par une intense lumière. Une douzaine de projecteurs déversaient une clarté irréelle dans la pièce. J'ai reculé instinctivement, marchant sur les pieds de Mlle Agnès qui m'a donné un coup de sac. En plissant les yeux, j'ai vu apparaître, face à l'entrée, un genre d'autel recouvert d'un drap noir sur lequel était posé le portrait d'un homme sans âge, au regard pénétrant. J'ai mis mes lunettes noires et j'ai commencé à discerner des mannequins aux poses volontaires qui portaient des vestes, des chemises, des sous-vêtements… tous strictement noirs.

Sur tout le périmètre de la pièce, une frise en lettres noires répétait : Simplicité = Efficacité = Netteté.

– Paradoxal, non ? souffla une voix près de mon oreille.

Je sursautai en découvrant la présence d'un homme qui m'observait avec attention.

– Qu'y a-t-il de paradoxal ? ai-je demandé.

– À quel point la Lumière cache les choses. Il vous a fallu mettre des lunettes noires pour commencer à voir.

– C'est vous, McKenzie, le créateur ?

– Son Superviseur. C'est un peu moi qui l'ai fabriqué. Vous aimez ?

– L'expo ? Beaucoup trop éclairée…

– C'est parce que vous n'êtes pas Nette.

– Comment vous permettez-vous ? C'est mon look Jane Birkin qui… ?

– Si vous étiez Nette, vous supporteriez la lumière sans cligner des yeux… Ainsi, d'ailleurs, que l'explosion d'une bonbonne de gaz à deux mètres de vous ou l'arrachage d'une dent sans anesthésiant.

– Ça ne va pas recommencer ! Je suis en cure de désintoxication de foutaises. Alors le mieux-être, mieux vivre, mieux voir la lumière, souffrir sans avoir mal… ça ne m'intéresse pas ! Je suis ici pour me détendre, admirer une expo de prêt-à-porter, pas pour entendre déblatérer un nouveau gourou.

– Si je vous affirme que je connais le moyen rapide et efficace de faire de vous une personne optimale et dotée d'une intelligence supérieure à la moyenne, sans arthrite, sans sinusite, sans court-circuit, sans aberrations, sans compassion, sans sueur et insensible aux attaques des Wanadus... que penserez-vous de moi ?

– Que vous êtes un illuminé de plus. J'en ai croisé pas mal ces derniers temps...

– C'est pourquoi je ne vous dis pas que j'ai le pouvoir de vous rendre Nette, sans pratiquer de leucotomie transorbitale, ni même de lobotomie préfontale.

– Pourquoi ne pas me le dire, si ce n'est pas vrai ? demandai-je.

–Vous pensez donc que c'est vrai ?

– Non. Mais comme vous savez que je ne vous croirai pas si vous me dites que vous avez plein de pouvoirs pour me rendre heureuse, si vous me dites que vous n'en avez aucun, je me demande forcément si ce n'est pas parce qu'en fait, vous les avez vraiment, ces pouvoirs.

– Si je les avais, pourquoi vous le dirais-je ?

– Écoutez, vous savez que je sais que vous n'avez aucun pouvoir. Alors inutile de les nier. Et maintenant, excusez-moi, je dois rejoindre mon amie.

– Je comprends. À mardi.

– À mardi ?

– Simple bluff pour vous faire croire que je sais que vous allez venir à notre réunion de karaoké, mardi soir, ici même, à 20h30.

–Vous organisez des karaokés dans une boutique de mode ?

– Notre « association » a beaucoup de branches à son

arbre : prêt-à-porter, cours d'informatique, leçons de tango, formations de langues, ateliers de cuisine, lutte contre la drogue à la maternelle, comité de vigilance contre la mort... Sans oublier des missions ponctuelles contre les sectaires.

– J'aime mieux ça. J'ai cru un instant que vous apparteniez à une...

Il a éclaté d'un rire sec et mécanique.

– Une secte ? N'est-ce pas ainsi que toutes les églises innovantes sont qualifiées par leurs ennemis intolérants qui ne supportent pas la lumière aveuglante de la vérité ?

Quand j'ai retrouvé Betsy au buffet, elle était un peu ivre. Avant de sortir, elle a insisté pour laisser un mot dans le livre d'or. Elle a écrit : « *McKenzie, vieille tique suceuse, tu m'as tout pompé !* » et elle a signé Karl Lagerfeld.

On était écroulées de rire. Je sens que les kilos de sucre de mon diabète mental caramélisent à vue d'œil.

Mardi 15 juillet

J'ai tellement de choses à raconter que je ne sais par où commencer.

Pendant que Betsy était au pot de départ de Hugo de Saint-Vingt (il a été viré par G&G&G), je suis finalement allée au karaoké. Je ne sais pas encore pourquoi (je chante comme une casserole), mais ce que je sais, c'est que je ne le regrette vraiment pas.

Quand je me suis présentée, l'homme croisé à l'expo McKenzie se tenait à l'accueil. Il m'a tout de suite reconnue.

– Sois la bienvenue.

– On se tutoie ?

– Tout le monde se dit « tu » dans l'Église de Shiantologie.

– Vous avez dit « Église de Shiantologie » ? demandai-je en reculant d'un pas.

– Ne me dis pas que ce nom te fait peur, sourit-il en m'indiquant derrière lui un mur entier couvert de photos de stars d'Hollywood et d'animaux célèbres.

– J'ignorais que Bugs Bunny et Shrek étaient membres de votre Église...

– Il n'y a pas qu'eux. Nous avons plein de VIP dans nos rangs. On les tutoie tous.

– Justement. Toutes ces célébrités... Je ne sais pas si je serai à la hauteur...

– Au début, tu te sentiras forcément toute petite. Mais quand tu seras débarrassée de tes zaffectomes négativopressifs, tu tutoieras, toi aussi, les plus grands à Davos.

– J'ai lu tellement de choses inquiétantes à propos de votre... de ta... de ton... Église.

– Au lieu de te fier aux décisions de justice démentes et aux reportages truqués de journalistes drogués, tu devrais te faire ta propre idée et décider par toi-même de nous rejoindre. Je m'appelle Erwan.

– C'est vrai ce qu'on raconte, Erwan : qu'en Shiantologie, il faut acheter des tas de bouquins de science-fiction des années 50, incompréhensibles et très chers, et que pour les rembourser, vous faites signer des contrats de travail de 5 000 ans ?

– Absolument faux. Nous ne faisons pas de CDD, uniquement des CDI.

– Je vois que vous avez réponse à tout. Bon, je me jette à l'eau, acceptai-je sur un coup de tête. Je fais un essai !

J'étais super fière à l'idée de décider enfin par moi-même, sans me préoccuper de ce qu'en dirait ou en penserait le reste du monde !

J'ai pénétré dans l'arrière-salle.

La pièce où McKenzie avait exposé était devenue une salle de réunion. Intriguée, je suis revenue sur mes pas et j'ai demandé à Erwan :

– Tu es sûr que c'est karaoké, ce soir ? Je ne vois ni écran, ni boule au plafond...

– Il va falloir que tu t'habitues à notre vocabulaire. À cause de l'intolérance religieuse des juges, nous utilisons les termes courants du français dans un sens différent du vocabulaire commun sans toutefois en écarter le sens habituel sauf quand on le change. Tu me suis ?

– À peu près... mais pourquoi ?

– On n'invente pas une religion ultramoderne sans créer par la même occasion la liturgie, les appareils électriques et le langage qui vont avec. Mais ne t'en fais pas si les propos que tu entends te semblent parfois escarpés à harponner. N'atermoie pas à n'aller plus distant qu'au-delà d'un vocable pour lequel tu dérives sur ton inaptitude à agripper la donnée. Si tu es impuissante à en éclairer sa notion dans le sujet qu'on a déclenché à étudier en inclinant l'entité la plus consistante dans le sens de cette donnée, c'est que tu es aberrifiante. OK ?

– Vous croyez ?

– Tu comprendras mieux quand tu auras lu *La Dyaréthique*, l'œuvre la plus abordable de Don Rubbarb (16 euros). Pour le moment, retiens qu'en Shiantologie, «ami» se dit «appressif», «ennemi» se traduit par «surpresseur» et «traumatisme» par «aberrogramme».

– C'est rigolo votre Église. Ça fait code secret. Et «karaoké», c'est quoi en vrai ?

– C'est « Conférence d'initiation à la Dyaréthique ».

Au même moment, une femme en tailleur noir a pris la parole :

– Nous allons commencer ! Les Nets à droite, les pas Nets à gauche.

Les participants se sont répartis les chaises en silence et tout le monde s'est assis. Je suis restée debout au fond de la pièce, en signe d'indépendance d'esprit et de matérialisme empirique.

Sur l'estrade, Erwan et la femme au tailleur présidaient.

– Qui doit témoigner, ce soir ? a-t-elle demandé.

Un type qui ressemblait à John Travolta, en plus petit, a levé la main.

– Je m'appelle Bernard et je suis pré-Net[1]. Je vais vous expliquer comment la Dyaréthique a changé ma vie et pourquoi je ne regrette pas d'avoir plaqué ma symbiote et perdu la garde mes deux zygotes de 6 et 8 ans.

La salle a applaudi pour l'encourager. Le type a levé le pouce et nous a fait un clin d'œil à la Tom Cruise.

– Si j'ai vendu mon vaisseau monospace à propulsion diesel, sectionné mes connectivités avec les surpresseurs qui m'employaient comme comptable et accepté de coller des enveloppes pour notre Église jusqu'à point d'heure, c'est parce que je sais que le process d'éradication des aberrogrammes l'exige. Croyez-vous que je le regrette ? Non, bien sûr ! D'abord, je me suis fait plein de nouveaux appressifs (la salle a applaudi de nouveau). Ensuite, j'ai découvert que quand tous les aberrogrammes auront été

1. En cours de nettoyage (NDE).

extraits de la banque mnémonique de mes cellules souches, je pourrai, moi aussi, parvenir à un état de Netteté très stable et faire du sport de haut niveau avec enthousiasme et satisfaction !

Les auditeurs ont acclamé la fin de la tirade en applaudissant encore une fois à tout rompre. C'est là que j'ai levé la main.

– Qu'est-ce que tu veux, espèce de connasse ? m'a demandé la femme à la tribune.

– Excusez-moi de vous interrompre, je...

Son agressivité inattendue m'avait tellement perturbée que je ne trouvais plus mes mots.

Erwan a pris la parole.

– Ne sois pas surprise par le ton de Francine. C'est une des règles absolues en Shiantologie : pas de bons sentiments ni de compassion dégoulinante. Tes aberrogrammes en profiteraient pour se faire plaindre au lieu de se laisser extraire. Or, il faut être sans pitié avec les aberrogrammes car ce sont des entités nocives capables de tout : faire trembler les étoiles, t'empêcher de vivre avec enthousiasme et satisfaction, pulvériser le noyau terrestre, déclencher un contrôle fiscal… Nos surpresseurs nous reprochent souvent de communiquer avec les pas Nets de façon brutale et répétitive, mais c'est parce que nous nous adressons directement à leurs aberrogrammes. Et si un Net t'appelle plusieurs fois par nuit quand tu auras un retard de cotisation, ne t'étonne pas : c'est pour vaincre les résistances de ta banque d'aberrogrammes. Quelle était ta question ?

– Je voulais savoir qui peut atteindre la Netteté.

Francine a repris solennellement la parole.

– L'état de Netteté peut être atteint absolument par tout le monde, même par les communistes s'ils n'ont pas encore subi une ablation totale du cerveau. Pour devenir Net, il suffit d'avoir été débarrassé de tous ses aberrogrammes. Tant que ce n'est pas fait, on souffre d'aberrativité et on a l'impression que tout le monde en veut à notre argent.

– Mais comment sait-on qu'on est devenue Nette, vieille peau ? demandai-je.

Un brouhaha de consternation accompagna ma question que je croyais pourtant anodine.

– Comment oses-tu parler ainsi à une Grande Nette ? me demanda Erwan, ulcéré.

– Comme Francine semblait un peu surpressive à mon égard, je pensais m'adresser à ses aberrogrammes, bafouillai-je.

– Je n'en ai plus, espèce de tête de nœuds, puisque je suis Nette ! vociféra Francine en se levant brusquement de son fauteuil.

– Excusez-moi, dans ce cas-là, ce sont peut-être mes aberrogrammes qui ont dû se sentir menacés et qui se sont réveillés, murmurai-je dans le brouhaha général.

– Vos gueules ! hurla Erwan. Le karaoké est terminé pour aujourd'hui. Corvée d'enveloppe pour tout le monde, ça vous apprendra à contrôler vos entités nocives ! Quant à toi, dit-il en me regardant fixement, attends-moi à la sortie.

Lundi 21 juillet

Déjà presque une semaine que j'étudie la documentation que m'a vendue Erwan. Je progresse vite mais je me rends compte qu'il a raison : la Dyaréthique est comme un cône de sagesse. Je n'en connais encore que la pointe, tout le reste est plus bas, dans la partie évasée. La découverte sera très longue.

J'ai déjà écouté les cinquante premiers CD de formation. Ce sont des enregistrements des conférences de Don Rubbarb. Ça crachote un peu (ça date des années 60), mais c'est fascinant. Don raconte humblement comment il a d'abord aberrifié spirituellement, hésitant longtemps entre la SF et la marine marchande, avant d'avoir enfin l'illumination et d'inventer la première religion payante. Très modestement, il explique que ce n'est pas lui mais un «*état d'être défiant l'espace-temps et la compréhension humaine*» qui lui a soufflé le concept. Don appelle sa source intérieure son thétanosaure, car il est tout petit mais très vieux (des millions d'années). Il raconte comment les psychiatres ont voulu capturer de force son thétanosaure en lui faisant avaler des psychotropes (à Don). Du coup, Don dit qu'il faut toujours se méfier des psychiatres car ils abusent de leurs patients en leur plantant des pics à glace dans les orbites. Il faut aussi se méfier des concierges, car ce sont elles qui préviennent les psychiatres qu'on a un thétanosaure dans la tête.

Dès qu'il a commencé à écouter les conseils qu'il entendait dans sa tête, Don est allé de découverte en découverte. Par exemple, il a réussi à démontrer que les démons ne sont absolument pas responsables du rhume, de la myopie ou de la schizophrénie. En fait, toutes nos afflictions viennent de ces fameux aberrogrammes, qui sont comme des grains d'aberrifiance qui font leurs nids dans nos cellules à l'occasion d'un traumatisme.

Ce qui est génial, c'est qu'après chaque exposé théorique, il y a des exercices pratiques: convaincre un appressif de venir au karaoké, rompre avec un surpresseur, se débarrasser de ses aberrogrammes en faisant des travaux d'intérêt général…

En tout, j'en ai eu pour 6000 euros de cours mais Erwan m'a permis de payer en aidant l'Église à vider les banques mnémoniques des autres membres.

Mercredi 23 juillet

Betsy est bizarre avec moi en ce moment. Elle insiste pour savoir ce que je fabrique, enfermée dans ma chambre des journées entières. Comme je réponds évasivement, elle me harcèle de propositions de sorties, insiste pour qu'on profite des soirées d'été. Un peu comme si elle voulait empêcher que je progresse vers la Netteté.

Pourquoi ferait-elle ça ? Elle n'est pas psychiatre.

J'ai aussi l'impression qu'elle me surveille pendant que j'étudie.

Serait-elle surpressive ?

Jeudi 24 juillet

J'avais vu juste. Ce soir, en rentrant du collage d'enveloppes, j'ai surpris Betsy qui fouillait dans mes cours de Dyaréthique.

– Lâche-ça immédiatement, pouffiasse, ai-je ordonné.

Elle a eu tellement peur qu'elle a tout laissé tomber.

– Qu'est-ce qui vous prend de m'insulter comme ça, Aimée ?

– Vous, je ne vous ai pas parlé. C'est à vos aberrogrammes que je cause. Dites-leur de ne plus jamais toucher à ça.

– Je voulais juste savoir ce que vous bouquinez en ce moment. Je vous vois tellement absorbée dans vos gros classeurs. Vous préparez un concours de la fonction publique ?

Elle a refermé le volume et elle a découvert la Planète en fusion qui orne la couverture.

– Oh, comme c'est beau ! s'est-elle exclamée. J'adore ces grandes lettres dorées, cette lave incandescente qui jaillit dans la nuit intersidérale. Ça a l'air hyper grave comme sujet.

– Beaucoup plus grave que vous ne pourrez jamais le croire, Betsy. Ces classeurs contiennent la solution pour éviter l'explosion du système solaire et corriger les erreurs de l'Évolution.

– L'Évolution a fait des erreurs ?

– La calvitie, les dents de sagesse, la mort… vous appelez ça comment ?

– Même la mort est une erreur ? Vous voulez dire que ça cause d'immortalité, dans vos classeurs ?

– Ce que je sais, c'est que Don Rubbarb démontre que le but de la survie est de ne pas mourir. Et si l'homme survit indéfiniment…

– … il ne meurt jamais ! compléta Betsy.

En la voyant blêmir sous le choc de sa propre déduction, je pensai que nous allions pouvoir rester appressives.

– Qui est ce Don Rubbarb ? me demanda-t-elle, visiblement intéressée.

– Don est un visionnaire autodidacte qui a consacré une grande partie de sa vie à aider les autres par la pensée et l'électricité. Il a beaucoup écrit dans le silence de son manoir et de son bateau et nous a laissé des centaines d'ouvrages et des millions de pages.

– Qu'est-ce qu'elles racontent, ces pages ?

– Je n'en ai lu que quelques milliers. Elles sont truffées de découvertes scientifiques sidérantes comme par exemple que l'homme est naturellement heureux et riche mais que ses cellules sont infestées de saloperies invisibles qui le rendent malheureux et pauvre.

– Ça ne vous semble pas curieux que ces machins dans les cellules restent invisibles au microscope ? m'interrogea Betsy.

– Ce qui est incroyable, c'est plutôt qu'ils aient été dénichés par Don alors qu'ils sont si bien cachés dans le noyau des cellules ! Cette découverte dépasse les inventions de la roue, de la télécommande et de l'arc réunies !

– Je suppose que c'est payant, tout ce baratin...

– Évidemment. Sinon, ça n'aurait aucune valeur !

– Vous êtes sûre que c'est bien légal, votre truc ?

– La Dyaréthique est au-delà de la législation actuelle puisqu'elle vient du futur.

– Et ça vous a coûté combien ? demanda Betsy de plus en plus insistante.

– Qu'est-ce que ça peut te foutre, grosse vache ?

– Qu'est-ce qui vous prend ?

– Vous demanderez à vos cellules, ce qui me prend ! Vous voyez bien qu'elles vous manœuvrent en douce. Comme par hasard, c'est quand on parle d'argent qu'elles se réveillent. Heureusement que les Nets m'ont prévenue !

Je sentis que son regard sur moi était devenu terriblement surpresseur.

– Écoutez, Aimée. Vous faites ce que vous voulez de votre fric. Mais tout ça, ça ressemble vraiment à de la manip' !

Je jubilais intérieurement car les Nets m'ont avertie dès le début : plus l'on progresse dans le nettoyage, plus les proches envoient des flots d'aberrogrammes d'avertissement sans réaliser qu'ils ne font que répéter, mot à mot, ce que leur dicte leur « bon sens » (alors que c'est ce prétendu « bon sens » qui leur impute l'incapacité à saisir que se manifeste la donnée pour laquelle le bon sens, de sa propre volonté dans le domaine entier de l'étude, l'empêche de se débarrasser de leurs aberrogrammes en propre !)

Don a raison, le mieux, c'est d'en rire et de signaler les individus surpresseurs à l'Office des Affaires Spéciales.

Ah ! Ah ! Ah !

Samedi 26 juillet

Ça y est !

Je dispose enfin d'une méthode simple et indiscutable pour mesurer mon bien-être : « L'Électromaître de Don Rubbarb ». C'est comme un boîtier électrique (Don adorait bricoler l'électricité mais avait horreur des séances d'électrochocs) qu'on tient à deux mains et qui sert à visualiser à quel niveau de Netteté on se trouve. On peut ainsi mesurer régulièrement ses progrès et ses rechutes (les rechutes sont inévitables car certains aberrogrammes, réveillés par la Dyaréthique, peuvent pondre des œufs dans le cytoplasme des cellules voisines).

Lundi 28 juillet

L'ambiance devient pesante chez Betsy. Hier, nouvelle surpression aberrogrammique.

– C'est quoi, ce truc électrique qui traîne dans le salon? m'a-t-elle demandé négligemment.

– L'Électromaître de Don Rubbarb. Ça mesure la concentration en aberrogrammes dans les tissus conjonctifs. Plus on est nettoyée, donc Nette, plus le courant passe et plus l'aiguille monte.

– Et vous en êtes où?

– Toujours au niveau «0»: Térébrée apathique, mais je n'ai pas encore démarré le nettoyage.

– Y a quoi au-dessus?

– Il y a sept niveaux en tout. Niveau «1»: Aberrifiante active. Ensuite, Bienfaitrice – Pré-Nette – Nette – Nette Premium – VIP lounge.

Quelques minutes plus tard, elle est revenue, un léger rictus aux lèvres.

– Je viens d'essayer: l'aiguille indique «9», qu'est-ce que ça veut dire?

– Impossible! Au-dessus de «7», ça signifie qu'on a atteint une conductibilité parfaite, comme Don aujourd'hui. Même Erwan n'y arrive pas!

– Venez voir vous-même, si vous ne me croyez pas.

Elle a saisi les deux manettes de l'électromaître et l'aiguille est aussitôt montée dans la zone rouge, au maximum des graduations. J'ai reculé, horrifiée.

Demain, j'ai ma première séance de nettoyage. Il faut que j'en parle à Erwan.

Mercredi 30 juillet

J'ai résolu le problème de l'Électromaître. Erwan m'a expliqué que c'est parce que Betsy était pieds nus que l'aiguille s'est affolée. Il faut toujours mesurer ses états psychoaffectifs avec des semelles isolantes et les pieds bien secs, sinon les courants de fuite passent à la terre, ça fait masse et ça perturbe les mesures.

Autre avancée : j'ai commencé l'extraction de mes aberrogrammes. À vue de nez, Erwan estime que j'en ai entre 5 000 et 6 000 à déloger. Heureusement, on peut en extraire plusieurs par séance.

Pour la première session, il m'a demandé de lui raconter un événement douloureux de ma vie.

– Ma rupture avec Michel ? ai-je proposé.

– Pas un truc sentimental à la con ! Un vrai drame, qui t'a marquée dans ta chair : viol, trépanation, avortement à la pince à cornichons, coma dépassé, torture par les Viets...

– Intoxication alimentaire aux moules avec vomissements atroces pendant deux jours ?

– Admettons. Maintenant, imagine qu'il y a un communiste chinois qui te poursuit.

– OK, j'y suis.

– Le Chinois te donne des coups de batte de base-ball dans l'estomac. Que fais-tu ?

– Je me plie en deux de douleur.

– Il continue de te frapper.

– Je crache mes boyaux.

– Il te frappe toujours.

– Je le supplie à genoux d'arrêter !

– Il n'écoute pas.

– Je lui promets de m'inscrire au PC chinois.

– Si maintenant, tu vois un communiste, que vas-tu faire ?

– Je sens une douleur atroce à l'estomac.

– Si tu vois une batte de base-ball ?

– Je l'utilise pour frapper le communiste.

– Si tu vois un Chinois ?

– J'ai la nausée.

– Et si tu vois des moules ?

– Je ris aux éclats d'avoir eu si peur d'innocents mollusques qui n'ont ni carte du PC, ni batte de base-ball !

– OK. C'est tout pour aujourd'hui.

– Déjà ?

– Tu as extrait l'aberrogramme inconscient qui te faisait associer les moules au vomissement. Tu as réorganisé ton mental rétroactif en lui donnant plus de simplicité, donc d'efficacité, donc de netteté. Tu peux désormais manger à nouveau des moules sans être malade.

Pour fêter ça, le soir même, je suis allée chez Léon de Bruxelles et je me suis envoyé trois cassolettes. J'aurais payé cher pour que Betsy et son bon sens aberrifiant soient là !

Vendredi 1er août

Ça déménage dans ma vie. C'est le moins qu'on puisse dire… C'est la dernière attaque de Betsy, la plus terrible, qui m'a déterminée à passer le pont.

Je rentrais d'une séance particulièrement importante où je m'étais débarrassée de l'aberrogramme qui me fait craindre secrètement les dentistes quand Betsy est venue me trouver.

–Vous êtes tellement occupée avec votre Église que l'on ne se voit presque plus, a-t-elle minaudé de sa petite voix surpressive. Ça vous dirait qu'on se fasse un ciné ? En cette période, les salles sont fraîches et pleines de célibataires en manque...

–Vous savez Betsy, je n'ai pas renoncé aux plaisirs de ce monde. Je recherche moi aussi la concrétisation de buts agréables : tuer un ours, serrer dans mes bras un appressif, scier les freins d'un surpresseur... Seulement, je suis désormais à un niveau spirituel plus élevé et je ne perds pas mon temps au ciné.

– Il vous est si utile que ça, votre niveau spirituel, pour vendre vos électromachins en faisant du porte-à-porte ?

– Fermez-la ou je vous en colle une ! ai-je répondu à ses aberrogrammes.

– Pendant que vous discutez avec mes petites bêtes, je vais vous dire, en amie, ce que je pense de vos délires : vous êtes sous l'influence d'un groupement se présentant comme une religion, dont les pratiques constatées sont susceptibles de tomber sous le coup de la législation protectrice des droits des personnes : refus des lois, voies de fait, abus de confiance, exercice illégal de la médecine, mauvais traitements, non-assistance à personne en danger...

Étourdie par le choc d'aberrification, je reculai instinctivement, en proie à une indicible terreur.

– Betsy ! C'est... c'est horrible ! Vous êtes encore plus atteinte que je ne le croyais. Vos aberrogrammes parlent comme le code pénal. Il va falloir des millions d'années pour vous nettoyer à fond.

J'ai fait mes bagages en plein milieu de la nuit et je me suis enfuie de chez Betsy. Sans laisser d'adresse, évidemment.

J'ai pris un petit hôtel pas loin de notre Église.

Dimanche 3 août

Comme tout est simple, désormais ! Pour que je puisse me consacrer entièrement à l'étude des textes fondateurs, les Nets Shiantologues s'occupent de toutes les contingences matérielles. Je ne serai plus jamais importunée par les coups de fil inquiets de la boulangère de Yonville, les relances de mon banquier, les SMS de Betsy... Enfin, la simplicité, l'efficacité, la netteté. J'ai réussi mon pari insensé de début d'année : devenir moi-même.

En tellement mieux !

J'ai appris, il y a peu, que la valeur d'un individu est égale à :

V = I (intellect) x D (mouvement) / A (aberrifiance) x S (surpressivité)

Autrement dit, plus l'aberrifiance et la surpressivité sont grandes plus la valeur de l'individu diminue. Betsy ne valait pas grand-chose...

Et Michel ?

Il a dû laisser d'énormes aberrogrammes en moi parce que je n'arrive toujours pas à l'extraire de mon mnémostock.

Mercredi 6 août

Bonne nouvelle : je suis passée au niveau « 1 » sur l'Électromaître. Les progrès sont bien là, indiscutables. D'ailleurs, avant même de les lire sur le cadran, je les pressentais déjà dans chacune de mes cellules. Elles pèsent tellement moins lourd depuis qu'elles ont commencé à se vider des impuretés incrustées entre la membrane et les mitochondries.

Après la célébration communautaire d'aujourd'hui, Erwan est venu me trouver pour me proposer une chose extraordinaire :

– Dis-moi, Aimée. Tu n'as plus de travail, plus d'amis, plus de concubin, plus d'attaches, ici ?

– Non, Erwan. Tout est nettoyé. Quelques dettes de-ci, de-là, c'est tout. Les classeurs coûtent de plus en plus cher au fur et à mesure qu'on progresse...

– Tu prêches un convaincu. Mais ne t'inquiète pas de tes dettes, notre Église fait du rachat de crédit. La maison de Normandie, elle t'appartient n'est-ce pas ?

– À la mort de ma tante, elle sera à moi.

– Donc si ta tante fait une chute mystérieuse dans un escalier ou s'asphyxie au monoxyde de carbone dans sa cuisine, nous pouvons considérer que tu as un potentiel financier de l'ordre de 370 000 euros (hors frais de notaire).

– Comment le sais-tu ?

– Nous l'avons faite expertiser.

– Je ne veux pas y retourner. Je veux continuer mon nettoyage !

– Ne t'inquiète pas. Tu réunis tous les critères pour bénéficier du privilège d'un séjour à Skagen.

– C'est où ?

– À l'extrémité nord du Danemark, c'est là que se trouve notre centre européen de formation.

– Je ne pourrais pas, plutôt, poursuivre ma formation ici ? Je commençais à avoir mes habitudes : tenir la permanence, coller les enveloppes, assurer les relances téléphoniques...

– L'éloignement fait partie de la formation. Si tu veux progresser, il faut couper tes racines et passer par notre université de Skagen. Tu pars vendredi.

Samedi 9 août

Me voici à Skagen, admise en première année à l'« Université Libre d'Ingéniérie Bioélectrique et Dyaréthique » (je traduis de l'anglais car c'est notre langue de travail, ici).

Après un petit snack d'accueil (tous les frais sont réglés directement par l'Église de Paris qui suit mes comptes au centime près), on nous a montré nos chambres. Ils appellent ça des cellules de travail individuel (par opposition aux ateliers de travail qui sont collectifs). Les portes ne sont jamais fermées à clé, on peut donc sortir quand on veut et ils peuvent entrer nous former à volonté.

Jeudi 14 août

Je sais bien que je néglige un peu ce journal mais nous sommes tellement occupés, jour et nuit que, quand je rejoins ma cellule, je n'ai souvent plus la force de l'ouvrir. L'essentiel, c'est que je me sens vraiment chez moi, ici.

Aujourd'hui, nous avons célébré l'anniversaire du jour où Don Rubbarb est parti rejoindre les Thétanosaures pour sauver l'humanité depuis l'espace.

Nous avons eu droit à un dessert amélioré et à une balade libre dans le parc du château. Ça m'a fait le plus grand bien car on ne prend pas souvent l'air (en dehors des travaux au potager).

Lundi 18 août

« *Si deux choses te semblent simultanément impossibles, crois à toutes les deux car il y en a une troisième, invisible, qui les unit secrètement.* » (Don Rubbarb)

Mercredi 20 août

Je progresse dans la découverte du cône de connaissance de la Dyaréthique.

Il y a beaucoup plus d'étages que prévu.

Et chaque nouvel étage forme un cercle d'idées nouvelles plus vaste que le précédent. La Nette qui surveille nos travaux à la laverie du château nous a dit que le cône était infini et qu'on n'en atteignait jamais le bout. Je suppose qu'elle plaisantait. Même si les plaisanteries sont interdites dans l'enceinte du campus de l'Université.

Vendredi 22 août

« Les circonstances intérieures ne peuvent expliquer les expériences extérieures que par leur réciproque dans un univers parallèle où elles sont parfaitement accessibles. » (Don Rubbarb)

Dimanche 24 août

J'ai hâte d'arriver à la pré-Netteté car ça donne droit à un sommier à lattes et à une heure de lumière en plus le soir. Bientôt, ce sera appréciable car les journées commencent à raccourcir. On sent déjà que l'automne arrive.

Il y aura moins de travail au potager, mais les examens vont commencer. Si on les rate, il faut reprendre tout le cycle à zéro ! Non seulement ça coûte cher en années de travail mais il faut se justifier devant tout la promo.

Mercredi 27 août

Je révise comme une folle. En « Rubbarbologie », ça devrait aller. En « Tenue et Discipline » aussi (je n'ai été punie qu'une fois).

Ce qui me terrorise, ce sont les partiels sur la théorie non-microbienne des maladies : il faut connaître par cœur le nom de toutes les entités nocives qu'ont envoyées les Wanadus pour exterminer les humains.

Samedi 29 août

Pendant une session d'extraction, j'ai avoué à mon superviseur que je tenais un journal. Il ne m'a pas punie mais il m'a expliqué à quel point c'était mauvais pour ma progression. En effet, l'écriture sans but scientifique ou religieux offre un refuge inespéré aux aberrogrammes. Au lieu de sortir pendant les séances, ils se réfugient sous formes d'impressions toxiques, de ressentis subjectifs et d'idées personnelles dans les pages de mon journal. J'ai donc promis d'arrêter d'écrire dans ce cahier.

Vendredi 5 septembre

Je romps mon vœu de silence mais c'est uniquement pour signaler ceci : je passe en deuxième cycle et j'en suis à 1,7 sur l'Électromaître ! Je n'ai jamais été autant dans la joie du bonheur d'être heureuse.

Jeudi 18 septembre

Je me sens vraiment très lasse. Mais ce n'est pas désagréable. La fatigue aide à ne pas cogiter, or la cogitation est une agitation moléculaire et une déperdition de la précieuse énergie cosmique dont nous sommes dépositaires. C'est un des secrets qu'on découvre au niveau 2 : savoir débrancher le superviseur neural et penser en commun pour moins penser individuellement et ainsi économiser l'énergie cosmique.

Lundi 13 octobre

Simplicité = Simplicité = Simplicité
Simplicité = Simplicité = Efficacité
Simplicité = Simplicité = Netteté
Simplicité = Efficacité = Simplicité
Simplicité = Efficacité = Efficacité
Simplicité = Efficacité = Netteté
Simplicité = Netteté = Simplicité
Simplicité = Netteté = Efficacité
Simplicité = Netteté = Netteté
Efficacité = Simplicité = Simplicité
Efficacité = Simplicité = Efficacité
Efficacité = Simplicité = Netteté
Efficacité = Efficacité = Simplicité
Efficacité = Efficacité = Efficacité
Efficacité = Efficacité = Netteté
Efficacité = Netteté = Simplicité
Efficacité = Netteté = Efficacité
Efficacité = Netteté = Netteté
Netteté = Simplicité = Simplicité
Netteté = Simplicité = Efficacité
Netteté = Simplicité = Netteté
Netteté = Efficacité = Simplicité
Netteté = Efficacité = Efficacité
Netteté = Efficacité = Netteté
Netteté = Netteté = Simplicité
Netteté = Netteté = Efficacité
Netteté = Netteté = Netteté

Lundi 12 Novembre

Je ne suis pas sûre de la date. J'essaie de la déduire des quelques observations que je peux faire depuis la fenêtre du réfectoire : durée du jour, feuillage des arbres, légumes encore présents dans le potager communautaire...

Je dois absolument choisir une date si je veux retrouver le fil.

Ce qui est à peu près certain, c'est que nous devons être en automne. Les jours sont devenus très brefs et j'ai vu tomber les premières neiges.

La nuit dernière, au lieu d'alterner « station debout » (rechargement en énergie tellurique) et « station allongée » (purification par les courants polarisants), je me suis assise dans un coin de ma cellule et j'ai relu mon journal.

J'ignore par quel miracle il ne m'a pas été confisqué lors de mon admission au château. J'y ai retrouvé tout ce qui m'est arrivé depuis le début de cette année.

Je ne comprends toujours pas comment j'en suis arrivée là.

Je me souviens seulement que tout allait plutôt bien.

Et que j'ai voulu que ça aille encore mieux...

Mercredi 14 novembre

Je n'ai plus le droit de sortir de ma cellule. Il me semble que deux jours se sont passés depuis que j'ai retrouvé et recommencé mon journal. Nous sommes donc, peut-être, mercredi. Il y a longtemps que je n'ai plus de montre.

Je dois essayer de me souvenir.

C'était il y a une semaine. Peut-être plus.

Tous les étudiants admis en deuxième cycle étaient réunis pour la remise des diplômes. Nous étions assis en rang devant le Grand Net qui commentait, pays par pays, les objectifs pour l'année à venir. Pour sanctionner mon bon classement, on m'avait confié la Lettonie, un marché en plein boum.

Tout en écoutant les conseils du Grand Net, je songeais au long chemin que j'avais parcouru avant de trouver la bonne route. Je pensais à mes doutes, à mes tâtonnements, à mon pathétique désarroi existentiel. Alors qu'il était si simple de devenir un humain optimisé, plus intelligent, plus clairvoyant, sans doutes, ni lunettes, ni angoisses.

J'aurais voulu pouvoir remercier individuellement tous les Shiantologues de m'avoir accueillie, tutoyée et acceptée telle que j'étais, paumée et térébrée. Pour m'avoir confié du travail aussi, beaucoup de travail. Et s'être occupés, avec rigueur et efficacité, de nettoyer mes affaires et mon passé, jusque dans les moindres détails.

Après avoir réparti les objectifs par marché, le Grand Net nous a fait défiler un par un devant lui pour nos remettre nos feuilles de route. Je crois que c'est là que tout s'est brisé…

Je suis trop épuisée pour poursuivre. Pourvu que j'aie la force de continuer demain.

Jeudi 15 novembre

Je dois faire comme hier : me souvenir.

Ma mémoire est engourdie. Quand j'y plonge, je retrouve des fragments de souvenirs, mal effacés par les séances d'extraction: G&G&G, la maison de Yonville, Poalo, Betsy, Cheddar, P.o.p.o.l, Marida, Boris, Ange, Chris Fandré, Jack…

Michel!

J'en étais à la remise des diplômes. Le Grand Net qui distribuait les feuilles de route...

Juste avant qu'on m'appelle à la tribune, une membre du *back office* de l'Église a fait irruption. Elle tenait un gros parapheur.

– Pourquoi déranges-tu la cérémonie? a demandé le Grand Net, visiblement contrarié.

La femme lui a murmuré quelque chose à l'oreille. Le Grand Net a regardé dans ma direction et m'a fait signe d'approcher.

Je remarquai pour la première fois qu'il ressemblait à Chick Corea mais en blond et avec une moustache.

– Tu reconnais ces documents? Ils font de l'Église de Shiantologie ta légataire universel et la gestionnaire exclusive de tes intérêts.

– Oui, Grand Net. J'ai signé et je signerai encore des deux mains si c'est nécessaire à la communauté.

– Tu sais que les formations à Skagen nous coûtent cher et que le baril de brut dépasse désormais couramment les 110 dollars?

– Combien dois-je? Je rembourserai en travaux d'intérêt général ou supérieur. Vous me faites confiance, n'est-ce pas?

– Évidemment. Mais Don Rubbarb, lui-même, insistait pour que les diplômes soient réglés avant le départ en mission de recrutement.

–Vendez ma maison de Yonville. Don disait que les maisons individuelles doivent être offertes à l'Église pour qu'Elle les purifie et les revende.

– Nous venons d'apprendre que ta tante t'a déshéritée.

Un court instant, j'ai soupçonné un coup des créatures de Wanadu, mais je n'arrivais pas à imaginer des tritoniens en train de convaincre ma tante.

– Je ne comprends pas, ai-je réussi à articuler. Qui a pu la manipuler ainsi ?

J'avais la gorge serrée car je savais que les transactions immobilières sont prises très au sérieux par la Shiantologie.

– C'est ce que nous devons découvrir. En attendant, comme l'Église ne fait pas crédit sur les diplômes, tu vas devoir attendre que ça s'éclaircisse.

– N'est-ce pas toi, Grand Net, qui me disais que mon départ pour la Lettonie était urgent ?

– Je te trouve bien négativoppressive, a-t-il grimacé. Tu ne voudrais pas qu'on te catalogue « personnalité antisociale » tout de même ?

– Comme Alain Vivien ? Surtout pas ! ai-je supplié.

– Un séjour de filtrage mental te fera le plus grand bien. Le temps de remettre de l'ordre dans tes idées et dans tes comptes…

Vendredi 16 novembre

Le régime de filtrage mental est strict : nourriture pesée au gramme près, interdiction de sortir et obligation d'alterner, nuit et jour, le rechargement en énergie tellurique et la purification par les courants polarisants.

Je me demande souvent pourquoi ma tante m'a déshéritée. Qui a bien pu lui parler de mon entrée dans l'Église et de mon départ pour Skagen ? Je ne vois personne. À part... Mais c'est impossible.

Samedi 17 novembre

Le Grand Net est venu me trouver dans ma cellule. Coup de chance, j'étais en position de polarisation et mon journal était dissimulé. Il arborait un air grave qui présageait d'importantes nouvelles. Il a commencé sans préambules :

– Nous avons tout essayé : impossible de récupérer ta maison. Ta tante est inflexible et menace de porter plainte si nous insistons pour la désaberrifier...

– Je travaillerai dur et je rembourserai tout !

– Tu dois déjà 2,3 millions d'heures supplémentaires à l'Église. Tu ne pourras jamais te payer la suite des stages de Dyaréthique. Tu risques de stagner aux stades inférieurs de netteté... voire de régresser.

–Vous ne pouvez pas m'abandonner ! J'ai donné tout ce que j'avais pour devenir Nette !

– Rassure-toi, Don a prévu les cas comme le tien : il existe un raccourci vers la Netteté. On appelle cette solution le *Grand Saut* parce qu'elle permet d'atteindre instantanément la Netteté sans risque de retour en arrière.

– J'ai déjà croisé des membres qui ont fait le *Grand Saut*, ils ont tous l'air un peu ailleurs et ils marchent au ralenti.

– Ne te fie pas aux apparences. À l'intérieur, tout est net, simple et efficace. De toute façon, ce n'est pas une proposition, c'est une décision : tu feras le *Grand Saut*.

Dimanche 18 novembre

Le *Grand Saut* est prévu demain, à l'office du matin.

J'ai repensé à ceux que je connais qui l'ont déjà fait. On en croise pas mal, ici : jardiniers, hommes de services, femmes de ménage… Ils n'ont pas l'air malheureux, délivrés de leurs pensées.

Ça me fait tout drôle de penser que, ce soir, c'est sans doute la dernière fois que j'écris dans ce cahier.

Mardi 20 novembre

Quand je suis arrivée dans la salle du culte, mes frères et sœurs de l'assemblée étaient en train de se recueillir en mon honneur. Malgré ma très courte nuit, passée à relire, une dernière fois, mon journal, je me sentais parfaitement prête.

Le Grand Net m'a fait signe d'entrer. Le fauteuil rituel sur lequel je devais prendre place était situé au centre, entouré de gerbes de fleurs de lys en plastique.

Sur l'estrade entourant l'autel, les Nets, en tenue de Grand Conseil, observaient chacun de mes pas, lents et hésitants, comme s'ils en mesuraient la longueur et en partageaient l'effort.

J'atteignis le fauteuil devant lequel j'attendis le signal convenu pour m'asseoir. De lourdes vapeurs d'encens commencèrent à s'élever des quatre coins de la salle tandis que le Grand Net, saisi d'une légère fébrilité, se mettait à ânonner des formules impénétrables.

Progressivement, une sorte de transe s'empara de l'assemblée. Certains Nets oscillaient, les yeux écarquillés, d'autres renversaient la tête en arrière ou tanguaient sur place au son d'un rythme intérieur qui semblait les posséder. D'autres encore esquissaient des mouvements de tektonick en roulant des yeux égarés. Les bras et les jambes se raidissaient, les gestes devenaient saccadés, les mâchoires se contractaient. Certaines pré-Nettes des derniers rangs secouaient spasmodiquement les bras en émettant des cris aigus comme si elles hélaient d'invisibles taxis.

Le Grand Net me prit par le bras et me fit asseoir sur le fauteuil.

– Es-tu prête ?

– Je me sens étrange, dis-je.

– C'est normal. C'est la chaleur humaine.

– J'ai la nausée comme si je me trouvais devant une batte de base-ball tenue par une moule communiste chinoise…

– Ça va passer. Après la décharge, tu n'auras plus jamais d'attaque d'aberrogrammes. Tu seras très calme et très posée… En attendant, essaie de te mettre dans l'ambiance. Regarde-les, c'est pour toi qu'ils font la fête.

Devant moi, la transe sembla gagner encore en intensité. Depuis mon arrivée dans l'Église de Shiantologie, jamais je n'avais observé une aussi belle dynamomaîtrise de groupe. Comme s'ils s'étaient transmis un mot d'ordre, tous les danseurs démarrèrent simultanément un *ramses walk* parfaitement synchronisé.

– C'est magnifique ! murmurai-je, tandis que le Grand Net me posait les électrodes sur les tempes.

Quand tout fut prêt, il claqua dans ses mains et le silence se fit aussitôt.

– Je vais procéder à l'envoi d'une onde électromaîtrique dans ton mental préactif, annonça le Grand Net en m'indiquant des yeux un boîtier de commande.

Il leva son index devant l'assemblée puis fit un quart de tour sur lui-même et approcha son doigt d'un gros bouton rouge.

Soudain, des éclats de voix se firent entendre, suivis de protestations et de bruits de bagarre. Le Grand Net suspendit son geste.

Les cris se firent plus proches et des membres de l'assemblée s'écartèrent craintivement, ouvrant un passage dans leurs rangs.

C'est à cet instant que je vis Michel.

Dimanche 14 décembre

Il neige.

Michel bouquine.

J'ai parcouru le dernier *PsychoPlus*. Le dossier du mois s'intitule : « Que changer l'année prochaine ? ». Dans l'édito, Sébastien-Stéphane Schreiban-Server rappelle que tout le monde doit être heureux. Après la « Journée européenne de la dépression » (le 9 octobre), il propose de créer la « Journée mondiale du bonheur » durant laquelle tout le monde devrait se débarrasser de ses souffrances morales. Selon lui, la déprime, l'ennui, l'insatisfaction, le désarroi existentiel… ne sont pas une fatalité et, si chacun y met du sien, ils peuvent être totalement éradiqués de la surface de la Terre. 4S promet que *PsychoPlus* va fournir plein de nouvelles recettes pour faire de chaque minute un petit bonheur parfait. J'ai bien fait de résilier mon abonnement.

Je lève les yeux de mon cahier.

Il fait nuit.

Michel me regarde.

– Ça va, mon Aimée ?

– Tu vois, j'écris…

– Tu te souviens de Chris Abs, le bassiste de mon groupe…

– Celui qui porte tout le temps des pulls à rayures ?

– Il bosse chez Chiflet & Cie. Il paraît qu'ils publient n'importe quoi, je pourrais lui proposer d'éditer ton journal…

– Tu crois vraiment que ça peut les intéresser ?

– Bien sûr ! C'est moins grand public que *Et si c'était niais ?*, mais il y a des passages vachement drôles. Ça vaut le coup d'essayer !

– Encore et toujours essayer, ai-je soupiré. C'est tellement fatigant de vouloir exister...

– Tu n'es pas heureuse d'être rentrée saine et sauve ?

– Si, mais du coup, au lieu d'être un drame, mon histoire vire au roman de gare. En plus, en m'exfiltrant de la Shiantologie, tu m'as sauvée mais tu m'as aussi contrainte à reprendre l'épuisant combat de « l'être-au-monde ».

– Quel être ? Quel monde ? s'est-il inquiété aussitôt.

– Le Dasein… Je me suis acheté *Heidegger pour les nuls*, c'est un peu hermétique au premier abord, mais ça a l'air génial. Il y est beaucoup question de la destinalité des humeurs de peur et d'angoisse en tant que proximité de l'inéluctable et je...

– Qu'est-ce qu'on mange ?

Remerciements

Que 100 000 mercis s'envolent vers le ciel pur, se condensent en un nuage immaculé de gratitude infinie et se déversent en pluie fine sur :

Marco, guide littéraire, compagnon de doutes et de route, dont les éclats de rire guérissent de tout.
Jean-Loup Chiflet, rirologue international, qui dissimule (mal), sous l'élégance du Hérisson, la grande classe du New-Yorker.
Christophe Absi, alchimiste éditorial à pull rayé qui transmute le plomb des manuscrits en livres dorés.
Vincent Haudiquet, relecteur-encourageur (et néanmoins auteur de *Mon boomerang s'appelle reviens*, ouvrage culte qui soigne par l'absurde).
Émilie Bouvard, acuponctrice des textes et chercheuse en mots justes.
Emmanuel Amar, grand chaman en transes médiatiques.
Valentine Véron, spin doctoresse.
Daniel Garcia, oracle têtu et arbitre suprême des élégances.
Stéphanie Aguado, infographistologue non conventionnée.
Guillaume Zorgbibe, éditeur notamment de *La philosophie du Bovarysme* et *Le Bovarysme* (aux Éditions du Sandre).
Annick Guendafa, lectrice éternelle.
La Caille, dealer d'idées latérales chez Stayangry.

Impression réalisée sur CAMERON par

CPI
Brodard & Taupin

La Flèche
en avril 2008

Imprimé en France
N° d'impression : 46484